ジューンベリーの樹の下で

河邉　貴子

はじめに

コロナが流行り始めの頃、街から人が消え、誰かと話しをするのもオンラインになりました。なんだかもう遠い昔のようです。

ちょっとした出来事や、たいしたことではないけれど嬉しかったことなどを、それまでだったら、「ねえ、聞いて聞いて」と自然に誰かに話していたものですが、画面越しだと難しい。出口を失って飲み込んだ想いが体の中を巡るうちに、やっぱり誰かに聞いてもらいたくなってしまいました。

「だったら、月刊誌の読者向けにメールマガジンを始めるので、そこで連載をしたらどうですか?」とフレーベル館から声をかけていただいて、二〇二二年四月から、はじめの二年間は月に一回、現在は二カ月に一回のペースで連載を続けさせていただいています。書いているうちに、奥の方に潜んでいた幼児期の体験も顔を出して、これも物語にして外に出してほしいといい始め、今のところ書く種は尽きません。

月に一回や二カ月に一回だと、空白期間のおかげでさほど気にならなかったのですが、こうして並べてみると、自分でも呆れるほど脈略がありません。どことどこが地下茎で繫がっているのかな、と想像しながら読み進めていただけたら幸いです。

河邉　貴子

ジューンベリーの樹の下で

第一話　私の好きなこと

小さい時から、私は「書く」ことが好きだったようだ。

小学校一年生の時に、初めての遠足のあとに書いた作文が手元に残っているが、原稿用紙二十枚を超える「大作」。前の日から楽しみで仕方なかったこと、多摩動物公園が意外に遠かったこと、友だちのなっちゃんがサル山に帽子を落としたこと、それを拾ったサルが私のほうを見てニヤッと笑ったこと、などなど、遠足の一日を〝微に入り細に入り〟書き残している。

六年生の時の作文では〝微に入り細に入り〟に拍車がかかっているが、その背景に「よく見ることが好きだったんだな」ということが透けて見える。例えば、教育実習生については以下のよう。

秋になると三週間教生の先生が来た。私たちの組にはK先生というめがねをかけた男の先生が来た。始めのうちは教えていると赤くなったりしていたが、みんなともなれてくると、いっしょに遊んだりした。おかげで勉強もあまり進まなかったので、私たち生徒としては楽しいかぎりである。（中略）運動会の前日、教生の期間も終わった。どうもいろいろおせわになりました。とお礼を言おうとしたが、こちらが実験台になったんだから、先生の方からありがとう、というべきところだった。その後も女の人を連れてきて、私たちにアンケートをとらせた。まったくえんぴつと労力のむだだが、K先生がくると必ず授業がつぶれたので楽しくなる。

こわい六年生です。「実験台」って……。大学教員になった今想像するに、「女の人を連れてきてアンケートをとらせた」というのは、その教育実習生の仲間の学生が卒業論文のためのアンケートをとりにきたのではないかと思う。被検者である子どもにとっては、確かに「えんぴつと労力のむだ」だっただろう。学生を実習や卒論の調査に出す身としては、冷や汗がでる。

好きなことの二つ目は「田舎」。

今は亡き父の生家が信州の山奥にある。築年数不詳の太い梁の田舎作りの家で、私が子どものころは祖母がお手伝いさんとネコと一緒に暮らしていた。ネコの名前が「ミイ」だったので、私たちはそこを「ミイのおばあちゃんち」と呼んでいた。私は東京生まれだが、半分は長野県人のつもりでいるのは、その信州の家での逗留期間が長かったからだと思う。三歳の時には母が弟を出産する期間ミイのおばあちゃんちに預けられたり、五歳の時には祖母が病に臥せったので母と共に看病のために長期滞在したりした。学校にあがってからも、私たちきょうだいは夏休みの間中、その信州の家で過ごしていた。五年生の時に、田舎が好きと作文に書いている。

私はいなかが大好きです。いなかへ行くと、かならず、田んぼと山に行き、ある花をさがすのが大好きです。その一つは「ふきのとう」です。東京にもありますが、いなかの「ふきのとう」はまるっきり違う可愛らしさがあります。田んぼのあぜ道の横にちょっこり顔を出している。ちょっと見てもわからないような所に、春先になるとちょっこり顔を見せます。「ふきのとう」は、香りもなければ、けっして、すがたもきれいではありません。けれど、この花がさきだすと、もう春だという感じがします。(後略)
私はふきのとうの花が春の花で一番好きです。それも、いなかにさいている花が。

私は〝ほぼ村の子〟となり、地元の子どもと一緒に野山を駆け回っていた。十歳の夏に「私も田舎に家がほしい。それも丸太の家」と心に決めたことをはっきり覚えている。その気持ちは大人になっても消えず、結婚相手が決まった時に、「丸太小屋を作りたいと思っているのですが、同意できますか?」とすぐに確認したくらいだ。そして私たちは結婚から九年後の一九九七年に八ヶ岳南麓にログハウスを建てた。
ここでの暮らしは、周囲に自然以外の何もなかった祖母の信州の家と、何でも揃う便利な東京の家のちょうど中間の、半田舎暮らしの豊かさを、今も私にもたらしてくれている。

好きなことの三つ目は「子ども」。
このことについては、書き出したらあふれ出てしまうので、これからじわじわと語りたいと思うけれど、過去の作文を掘り返していて、「原点」がひょっこり出てきた。高校二年生の家庭科の授業に「保育」という単元があり、出身園を一日見学するという課題がでたらしい。以下はその時に書いた「幼稚園を見学して」という十枚に及ぶレポートの最後のまとめである。

見学しながら逐次気が付いたところを書きだしてきたが、たった一日の見学で感じたことが多すぎて書ききれない。一人の子どもを観察しただけではわからないことが大勢いたので調べられたと思う。「同じ年でもいろいろ差があること」「五歳児と四歳児とではものすごい肉体面、精神面に差があること」。ということは、ちょうど四歳から六歳というのは両面において成長が著しいのであろう。こういう時期に幼稚園で〝正当な教育〟を受けさせるというのは大事なことだと思う。（中略）私も大勢の子どもと一緒に遊び、そのような子どもを〝正しく導いていく先生〟になりたいと痛烈に思った。
（1974年1月15日）

この日を境に私は高校の体育教師から幼稚園教師に進路を変更し、それ以降、この偉そうな感想を原点に、なんと五十年近くも「幼児期における正当な教育とはなんだろう」、「正しく導くとはどんなことだろう」という問いに挑み、悩み、幼児教育の沼を楽しみ続けているのだ。

改めて思う。自分は、自分の好きなことで出来上がっている。

街と山の中と林の中、三つの暮らしの中で感じたことを綴っていきたいと思う。「見る」ことが好き、「書く」ことが好き、「遊ぶ」ことが好き、「自然」が好き、「子ども」が好き。そんないくつもの好きなことが絡み合い、「私」がある。読者の皆さんには、脈略の見えないエッセイに映るかもしれない。けれど、私の中では、地下茎となって伸びているいくつもの「好き」が、どこかで絡み、ちょっとしたきっかけで頭をだすようなもので、脈略がないようでいて繋がっている気がする。

これは、そんなとらえどころがないユラユラしたエッセイです。

第二話　ジューンベリーの樹の下で

連載のタイトルを「ジューンベリーの樹の下で」とした。決まるまで、散々、悩みました……。

東京の暮らしと信州の山の中の暮らし、距離的にも便利度的にもちょうど中間の八ヶ岳南麓の林の中の暮らし。これら三か所で感じることをとりとめなく取り上げるつもりだから、テーマといったテーマもない。自然のこと、人とのつながりのこと、大好きな子どものこと。何が飛び出すかわからない。仮タイトルを「街の暮らしと山の暮らしの中で」としていたけれど、それほど「暮らし」にこだわりがあるわけでもないし、地にしっかり足をつけて暮らしている自信もない。強いて言えば「あちらこちらでいろいろ感じたこと」だけれど、タイトルとしてイケてない。

難しいな、と思って顔をあげた先にジューンベリーの樹が目に入り、ストンと決まった。

ジューンベリーの和名は「アメリカザイフリボク」。バラ科の樹で、桜の花が散った

頃に五弁の白い小さな花を咲かせる。六月になると小さな赤い実をたくさんつけるので
ジューン（六月）ベリーと名付けられたらしい。林の中の丸太小屋のシンボルツリーに
なっている。どうしてこの樹が私にとって特別なのか。小西貴士さんとの共著『心をと
めて森を歩く』（フレーベル館、２０１５）に書いたので、引用させていただきたい。

……夫は日本人の平均寿命の半分くらいの短い生涯を、誠実に生きぬいた人だった。がんを患い、そう長くは生きられないと知りながらも希望を捨てない言動は、看病する家族を逆に励ますようだった。かなり状態が悪くなってからのこと、ベランダから庭を見ながら言った言葉を、私は今も忘れない。

「ここに木を植えよう。ジューンベリーがいいな。白い花が咲いて、赤い実がなる。十年たったら大きくなって、鳥がたくさんやってくるよ」

明日の体調さえも維持できるかどうか分からないときにおいて、十年後の木の話をする。私には返す言葉がなかったけれど、本当にそうなって、鳥が実を啄む様子を一緒に見られたらどんなにいいかと、心の底から思ったのだった。……

夫のＲは三十九歳の時に大腸にがんが見つかった。すぐに切除手術を受けたが、がんは予想以上に腹腔内に拡がっていて、私は医師から「余命は長くて二年」と宣告された。

担当医は「体調の悪化は本人がいちばんよくわかるので、病状をすぐに伝える」と言ったが、私は命のたずなを他人に握られているような嫌な気がして、私から伝えさせてほしいとお願いをした。そして、天気がとてもよい日を選んで散歩に誘い（といっても病院の屋上だったけれど）、青空の下で医師の見立てを告げたのだった。

彼はしばらく黙っていた。そして口から最初に出たのは、「まだ二年ある」という言葉だった。二年の間によい治療法が見つかるかもしれない、そのためにも体力が大切だから免疫力を高めることはなんでも試してみようというのだ。狼狽えて泣いていたのは私のほうで、この前向きな言葉で私にも覚悟ができた。

Rはできる限りの情報を集めて治療の方針を立てた。私も仕事を辞めて彼の挑戦に同行することにした。ところが一年で再発。二回目の手術は開腹してみたら予想以上に悪化していてすぐに閉じるという具合だった。それでもRは様々な自然療法に取り組み始め、生きることを諦めなかった。残念ながら余命は医師の見立てた通りになってしまったけれど、治療の選択や生活の仕方の決定は、極めて主体的だったと思う。

がん闘病のただなかにおいて私が望んでいた丸太小屋を建てたのも、生き抜く意志を表す行動の一つだったのだと思える。Rは疼痛で林の中を散歩もできず、多くの時間をベランダから遠くの甲斐駒ヶ岳を眺めて過ごしていて、その時に呟いたのが先の言葉だった。

そして、ジューンベリーを植えた八か月後に、花が咲くのを見ずに亡くなった。

Rは闘病中、自分の不運や病気のつらさを何かにぶつけることが一度もなかった。もちろん内心は不安と悔しさでいっぱいだったと思う。けれども、揺れを表に出さず、ずっと物静かで穏やかだった。

あれから二十年以上が経って、ジューンベリーは樹形の美しい大きな樹に育った。花が満開になると、まるで雪がこんもりと積もっているかのように見事に輝いて、遠くからでもそこが我が家であることがわかる。もちろん、毎年、一緒に並んで見たかった。だけどそれを言っても仕方がない。空の上から一緒に見ていると信じよう。

亡くなる一か月前にくれた私の誕生日を祝うカードには、「いつまでも守っていきます」と書いてあったので、私はこの樹を見上げると守られているような気持がする。そして、すぐに縮こまりがちな私のちっぽけな心が、少し修正されるような気持ちがする。

ジューンベリーは、Rからプレゼントされた我が家のシンボル。

何のシンボルかというと、Rが闘病中に身をもって示してくれた、ものの見方や考え方のシンボル。

目の前のことに縛られないで、ちょっと先を見ようよ

身の回りの小さな喜びを見つけようよ
出来ないことにとらわれず、出来ることに力を尽くそうよ
「終わり」から、始まることもあるよ

書き続けているうちに、そんな心もちに近づけたらいいな。

だとしたら、「ジューンベリーの樹の下で」は、タイトルにぴったりだ。

Rはどんな時も穏やかな人だった。私は彼を表すいちばんふさわしい言葉だと思って、墓石に「穏やか」と刻んでもらったほどだ。後から調べてみたら、なんとジューンベリーの花言葉は「穏やかな笑顔」「穏やかな表情」だというではないか！

龍一さん、さすがです。今も本気で私を見守り続けている。

第三話　キャベツ畑のこと

「キャベツ屋でーす」「キャベツ屋でーす」と道路の向こうから小さな男の子の声がする。

子どもの声、それも幼児期の子どもの声というのは、私たち大人の声とは質が異なるようで、電車の中でも、教会の中でも、それが小声だったとしても耳にすぐに届く。デシベルでもホンでも表すことができない異次元の心地よい響き。

外に出てみると、目の前のキャベツ畑の道路際の雑草の中に、両腕にキャベツを抱えた小さな男の子が立っていた。お母さんから「ログハウスのおばさんに届けておいで」とお使いを頼まれたらしい。

A君、四歳。初めまして。

ログハウスを林の中に建てたのは二十五年以上も前で、当時はいたるところの農地が放棄され、私の背より高い雑草に覆われていた。それが、しばらくして家の前の耕作放棄地が蕎麦畑になった。地元の方が蕎麦の事業を始めたためだ。荒地は次々と蕎麦畑に生まれ変わり、我が家の目の前の広大な農地は、夏から秋にかけて蕎麦の真っ白な花が埋め尽くすようになった。

言葉に表せないほどの美しい初秋の風景。

ところが、事業主さんがご高齢になり事業を縮小。キャベツ農家さんがその土地を借りるようになった。見渡す限りの白い花の蕎麦畑からキャベツ畑へ。

農家さん、つまりA君のお父さんは新規営農者で、キャベツ一本で生計を立てている。五月になると気が遠くなりそうな広大な土地に一人でコツコツと苗を植え、八月の終わりには夜明け前からヘッドランプをつけて収穫し、一個一個手作業で段ボールに詰めていく。収穫が終わると、あとは翌シーズンの準備以外は働かないのだという。キャベツ一本で家を建て、二人の子どもを育てていると近所の方が教えてくださった。五か月弱の過酷な労働と、七か月近くのんびり暮らすのが、A君のお父さんが選んだ生活スタイル。

そして、その生活スタイルは私の生活にも影響を及ぼした。


キャベツには虫がつくので、生長過程で幾度となく消毒される。これは蕎麦畑の時にはなかったことだ。夏の夕方、「涼しくなったからベランダで夕食にしよう」と思っていると、大型トラクターがやってくる。トラクターは畑に到着するとグイーングインと両腕を伸ばして畑の中を行ったり来たりし、伸ばしたアームを通して大量の農薬を撒いていく。あちらも考えることは一緒で、「涼しくなったから農薬撒きに行こう」と思うのだろう。私は慌てて用意しかけた食事を家の中に運び、家じゅうの窓を閉める。日中に散布する時もあり、そんな時は急いで洗濯物を取り込まなければならない。

畑が広すぎるので、話す機会をあまりもてなかったが、ある日、我が家の際まで作業が進んだ時に、淹れたてのコーヒーを鹿避けの電柵の間から差し入れて、いろいろお尋ねしてみた。キャベツ栽培のおもしろさと難しさ、喜び、そして農薬を撒く回数や安全性等々。A君のお父さんはとても誠実に、農薬散布は必要な作業で、残留農薬に心配がないように回数を決めていると答えてくださった。それはそうだろうね。一種類の野菜を大量に生産する農家としては当然の作業なのだろう。

A君のお父さんはコーヒーのお返しに、大切な商品であるキャベツを四個もくださった。農薬散布から五日目のキャベツ……。私は複雑な思いを押し込めて、有り難くいただいた。キャベツ畑と私の暮らしの関係はこれからもずっと続くのだから。

農薬散布の日は十分に気を付けるようにしようと思った。けれども、どう解決したらよいかわからないことが一つある。それは収穫後のキャベツの匂いなのだ。

何万個ものキャベツの切り口と、出荷時に形を整えるために捨てられる外葉からキャベツの匂いが立ち上がり、東京から移動してきて車を降りた瞬間に私を襲う。特に雨が続くとグジュグジュ匂う。切り口や捨てられた葉が乾燥するまでの間の約二か月、外に出るということはキャベツの匂いの海に飛び込むことになる。「気になる」「いや気にしてはならない」の間で心が揺れる。

「ぐうたら村」（※）では、キャベツの外葉は烏骨鶏やチャボが喜んで消費してくれている。でもこの広大な農地に必要な数の鶏を解き放ったら、今度は鶏糞の匂いの海になるのだろうな。

なんでも「大量」というのは、細やかな暮らしを脅かすものらしい。

見たくないものは目を伏せればよいいし、聞きたくないことは耳をふさげばよい。だけど嗅覚だけは、いっさい自分でコントロールできない原初的な器官なのだと気付かされる。匂いは防ぎようがない。これまで林の暮らしの中で、アキアカネが飛び交う初秋が一番好きだったのに、一年で一番憂鬱な季節になってしまった。

A君のお父さんはとにかくよい人なので、余計に困った。この気持ちをだれにぶつけたらいい？

その上、とうとう私はA君とも仲良くなってしまった。A君は私にキャベツを渡しながら、「このキャベツね、お好み焼きにするとおいしいよ」と、よく通る声で教えてくれたのだもの。

あと何回かコーヒーを差し入れて、もっと親しくなったら聞いてみようかな。収獲後、早めにトラクターで残った葉を土に鋤き込むことは可能ですか？と。


「暮らし」は、周辺の環境との関係で成り立っている。環境は変化するものだから、今が最高！と思っても、その最高！は変数との関係で長くは続かない。暮らしを快適だと感じ続けるためには、少し自分の立ち位置をずらしたり、思い込みをはずして心の空気を入れ替えたりする努力が必要なのだろう。

そして近頃気が付いたのだが、一番努力が必要なのは、自分の内部で起こっている「老化」という環境の変化らしい。筋力が落ちていくように心の筋肉も柔らかさを失って、以前より「まっいいか」と思えなくなってきている気がする。若いころは、きっと年を重ねたら寛容な心もちで穏やかに暮らせるようになると想像していたけれど、そうでもないらしい。

＊「ぐうたら村」山梨県北杜市で、汐見稔幸先生と小西貴士さんが中心となってつくっているエコカレッジ。私も理事としてかかわらせていただいている。

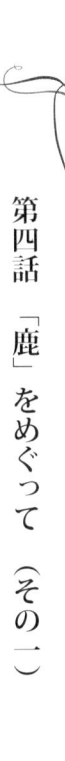

第四話　「鹿」をめぐって（その一）

Mさんの風貌は、中国の山奥にひっそり暮らしているカンフーの達人のよう。小柄で、痩せていて、チョロチョロとした顎鬚をはやしていて、身軽。八十三歳ということだが、時々小走りに移動する。私がMさんを最初に認識したのは数年前で、その人は、散歩のような優雅な速度ではなく、早朝から林の中をすたすたと歩き回っていた。ある日、地元のNさんに「仲間とマレットゴルフやるから一緒にどう？」と誘われて行ってみたらその人もいて、お名前と年齢と、朝の散歩に見えたのは「罠を見回っている」ということを知った。Mさんは健康のために歩く目的があったほうがよいと思って罠を仕掛ける資格をとり、何か所にも掛けた罠から罠へ朝夕毎日六キロメートル歩き回っているということだった。また、それは地域へのご恩返しにもなるとのことだった。

この辺りは鹿が多く、夜遅くに車を走らせる時は気を付けなければならない。暗闇の中、若鹿の群れが道路をピョンと跳ねて横断するのでびっくりする。何年も前のクリスマスの夜には、大きな角の雄鹿が目の前をゆったりと歩いていて、サンタクロースはどうした？と思わず声をかけたくなった。畑の周囲には国の補助金を使って鹿避けのための電柵がめぐらされているが、彼らはどこからでも入りこんで、畑の中を跳ね回る。農家にとっては農作物を荒らすやっかいな存在なのだ。今まで、私には直接の被害はなかったけれど、近頃は、家のそばまでやってくるようで、長く留守をしていると家の際に糞を見つけることもあるし、今年は今にも咲きそうな花芽を食べられてしまった。

ある晩、裏の林でガタッと音がしたので、恐る恐る窓の下を覗くと、鹿が四頭遊んでいるではないか。慌てて外灯を点けるとピューッと林へ逃げていった。家の中に明かりが灯っていても、平気でこんなに近くまで来るんだな。近くに住むG君が小学校の低学年の頃、クリスマスに「サンタさん、夜、鹿が車の側にいて困るので、ヘッドランプをください」とお願いしていたことを思い出した。

翌朝、目覚めて外に出ると、ちょうどMさんに出くわしたので、「罠とはどういうものか、見てみたい」とお願いし、見回りに同行させてもらった。罠は地面に埋められていて、動物が足をそこに入れると、がばっと貝が閉じるように足を挟んで動けなくなってしまう仕組み。罠は近くの樹と鎖でつながっていて、動物が逃げようとしても逃げられなくなっている。人が通ると危ないので、その樹に標識をつけておくのが決まりらしい。その決まりを知らなかったら危ないよ。もし知らずに踏み込んだら大怪我になるだろう。Mさんは林の中の鹿の通り道を見分けることができて、何か所かに仕掛けをし、これまでに十六頭捕ったということだ。

「罠にかかった鹿をどうするのですか」と、怖い物聞きたさで聞いてみた。

「頭を叩くのですよ」

「それから?」

「猟友会と町に連絡し、町の食肉センターの人がとりにくるのですよ」

「鹿は鳴きませんか?」

「そんなに鳴きませんよ。朝にはもう大人しくなっています」

「頭を叩く時はいやでしょう?」

「そりゃあね。いい気分はしません。だから、供養塔にお参りします」

私は鶏や豚や牛を食べるのに、自らの手で動物の命を奪ったことがない。鹿の駆除には補助金が出ていて、農家のためにMさんはそれをやっている。私は、学生や子どもたちに「いのちが何より大事」と言っているけれど、それはマヤカシなんだな、きっと。Mさんの淡々とした語り口に気持ちがシュンとなった。

林からの帰り道、前夜に鹿が裏庭で遊んでいた話をした。しなければよかった。

その足で我が家まで見に来たMさんは、「ほらここが鹿の通り道ですよ」と指さした。確かに言われてみれば、林の奥から我が家の裏へ細い細い獣道がある。

「ここに仕掛けてみましょうかね」

「いやです」と言えばよかった。

「一回でも仲間が罠にかかると、もうそこを通らなくなる」というMさんの言葉がよみがえり、一瞬、魔がさした。「裏庭に鹿が遊びに来なくなったら安心かも」と思ってしまった。

裏庭と呼んでいるけれども、そこはうちの土地ではなくて、よそ様の土地を勝手に整備しているだけ。私は「罠はいやです」とも「お願いします」とも答えず、「地主さんに話してみてください」とだけ言ってしまった。

何日か東京にいて山の家に戻ってきてみたら、林の際の樹木一本に白い標識がかかっていた。

本当に罠は仕掛けられてしまった。Mさんはきっと地主さんにすぐに連絡したのだ。どこに罠が埋められているのかわからないので近づけないが、その樹は窓から見える場所。

その晩、私は一睡もできなかった。

少しうとうとするが、足を噛まれた鹿が悶えてクインクイン鳴く夢を見たり、少しでもガサッと音がすると、鹿が必死に林に戻ろうとして暴れているのではないかと思ったりした。裏庭に面した外灯を一晩中点けて、「どうか今晩はうちの庭に遊びに来ないで」と祈るような気持ちだった。

自分の生活の安寧だけを望んだバチが当たった。目の前で動物が苦しむ姿を見たくないだけなのかもしれない。いのちを操作するボタンを握ってしまったようで、胸が苦しくなり安寧どころではない。

その日の小西貴士さんのインスタグラムは、私の心を見透かすようだった。霧に霞む清里の草原で鹿の群れが草を食む一枚の写真に、美しいコメントが添えられていた。

「初秋の午後」というタイトルの映画を一本観た気分

やっぱり、次にMさんに会ったら、「罠を撤去してください」とお願いしてみよう。

第五話　「鹿」をめぐって（その二）

ログハウスの裏の林に、Mさんが鹿を捕獲する罠を仕掛けたことは、前回書いた通り。罠を目にしてからどうにも心が落ち着かず、次にMさんに会ったら「罠を撤去してください」とお願いしてみようと思った。私はMさんの連絡先もお家の場所も正確には知らないので、次に見回り中のMさんと会ったらお願いしてみようと思った。

しかし、そんな悠長なことを考えず、すぐにマレット仲間のNさんを介してでも連絡をするべきだった。

いのちに関することに「次」はないと思い知った。

裏の林で、がさっという音とクインクインと鹿の鳴き声がしたような気がして目が覚めた。窓をそっと開けて見たが、暗くてわからない。時計を見たら夜中の二時三十三分だった。

まさか！　鹿が罠にかかってしまったか！　と思ったけれど、そのあとにすぐに静かになったので、大丈夫だろうと思って再び眠りについた。

翌朝、六時、目覚めてカーテンを開けると、足を取られた若い鹿がこちらを向いている。私との距離は二十メートル弱。時々、罠から足を抜こうともがき、しばらくすると諦めたように静かになり、またしばらくすると脱出を試みている。

ああ、どうしよう。しまった、Mさんに罠をとってくださいと、すぐに連絡するべきだった。が、もう遅い。

通常、野生の鹿は私たちとの間にある一定の距離を保って生活をしている。夕方の散歩中、林の中で鹿の群れを見つけることがあるが、私に気が付くとその中の一頭が警戒音を発して仲間に危険を知らせる。彼らは一斉にじっと「敵」を見定めてから、林のさらに奥へぴよーんぴよーんと揃って跳ねていく。野生の鹿を近くで見ることはできない。

罠にかかった鹿の近くに寄って、ごめんねと謝りたい。でも私が近づけば危機を感じてもっと暴れるだろう。数年前、同乗させていただいていた車が夜道に飛び出してきた鹿とぶつかったことがある。私たちが心配して近づくと、路上に倒れた鹿はただでも苦しそうなのに余計に暴れて体力を消耗していたことを思い出した。謝りたいなんていうのは傲慢な私の気持ちであって、鹿にとったら近づいてくる人間は恐怖でしかないだろう。そして、逃げようとしてさらに罠が足に食い込んでしまうだろう。

ワサワサした気持ちを抱えながら再びカーテンをそっと開けて様子を見ると、鹿は大人しく、諦めたかのようにそこに立ちすくんでいた。
きれいな瞳をしていた。

Mさんは早朝に罠を見回るので、きっと、すでに確認済みだろうと思う。このあとどうするつもりだろう。鹿はどうなってしまうの？

とにかくMさんと話さなければと思い、Mさんの家の場所にだいたいの検討をつけて車を走らせた。しばらく行くと道の辻に立っているMさんと出会った。車を止めて「Mさん、鹿が罠にかかってしまった。どうしよう」と言うと、「今、ここで猟友会の人と待ち合わせていますから。十五分くらいで済みますよ」とおっしゃった。

Mさんはやっぱり私より先に鹿を発見していて、早朝からいろいろ手配をしていたのだ。十五分で済むって……。「済む」ということばに何ともいえない感情が湧く。

罠を仕掛けることを拒否しなかった私も、Mさんと「同じ側の人間」だ。本当だったら、鹿の最期を見届けてやるのが礼儀だと思ったが、その勇気がなかった。私はMさんに「すみません、ではちょっとそこらをうろうろしてきます」と情けないことを言って、短いドライブに出ることにしてしまった。

二十分ほどして戻ると、鹿は既に運ばれていて、残っていたMさんと猟友会の方が、鹿が雌で意外に大きかったことや、今年はこれで何頭目か、というようなことを話していた。捕ろうと思って罠をかけるのだから、捕れたらうれしいに決まっている。猟師さんはそれがお仕事なんだし。お二人は少し満足そうに見えた。

しばらく同じ場所に罠をかけておけば、もう二〜三頭はかかるだろうとおっしゃったけれど、申し訳ないけれど外してくださいとお願いした。鹿を駆除することで農作物の被害が減ることはわかっている。けれども、私が丸太小屋を建てるずっと大昔から、こらへんは鹿の生息地。後からおじゃましているのは私のほうなのだ。農家さんには悪いけれど、目の前で鹿が罠にかかるのはもう御免だ。宿根草の芽を食べられたり、球根を食べられたりしても仕方がない。

林の中に雑草がなぎ倒された一筋の跡が残っていた。おそらく鹿はそこを引きずられていって、業者の車で運ばれて行ったのだろう。

私はその一筋に鹿を想いながら、いのちには「明日」とか「次に」はないということを肝に銘じて生きていこうと思った。

第六話　モノの見え方

第三話でつい愚痴ってしまったキャベツ畑の収穫後の残り葉のにおい問題、その後の報告です。

我が家の前にキャベツ畑が広がって丸四年。農作業中のA君のお父さんのHさんにコーヒーを差し入れること数回。だいぶ顔なじみになってきたので、おしゃべりの途中で「収穫後、キャベツのにおいに襲われる」話をしてみた。そして、遠慮がちに「お忙しいとは思うけど、収穫後、土にキャベツの残り葉を鋤き込むことは可能ですか？」と聞いてみた。Hさんはにこにこ笑って、「わかりました」と言ってくださった。

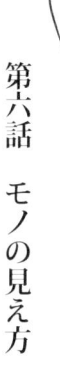

八月のお盆が明ける頃に今年のキャベツはすべて出荷された。Hさんは来年まで休眠期間に入られたのだろう。農地には「収穫は終わったぜ」的に外葉や茎の残骸が散らばっていた。

九月の初め、二週間ぶりに山の家に戻ってきた。「キャベツのにおいの海」を覚悟しながら車から降りてみると、なんと鼻腔に入り込んできたのは秋の気配の森の風ではありませんか。農地はきれいに整備されていて、そこにキャベツの名残は有形にも無形にも何もなくなっていた。きっとHさんはトラクターで葉を土に鋤き込んでくださったのだ。本当にどうもありがとう。来年、再び農作業が始まったらお礼を申し上げよう。コーヒーにおやつもつけようかな。

キャベツの葉で思い出したことがある。

私が保育の現場から離れたのはもう十五年近くも前のことだが、当時、保育者ごころというか保育者魂がいつまでも残っていることを感じる瞬間があった。料理をしようとキャベツの外葉をはずした時に、「これ、園で飼っているウサギやモルモットのエサになるのではないか？」と思って生ゴミにすることを躊躇するのだ。

Hさんにとってキャベツの外葉は出荷に不必要なもの。

保育者にとっては（すべての人がそうではないかもしれないが）、飼育動物の貴重なエサ。

今の私にとっては保育者生活を思い出させてくれるもの。

そして野菜を使い切るお料理名人にとっては何かの一品になる食材に。

東京大学のある研究者たちは、温室効果ガスの排出削減を目指して植物性の廃棄食材だけで十分な強度をもつ建築素材を製造する技術を開発したということだ。きっと彼らはキャベツの葉が「強度」を生み出す素材に見えるに違いない。

同じものでも、立場が違うと見え方が違う。一つのものでも隣の人には違うように見えているかもしれないのだから、想像力が必要だ。Hさんは想像力を働かせてくれて、私のことを考えてくださった。そのお気持ちに感謝。

保育者ごころを思い出す時はほかにもある。その一つが化粧品の空き箱など、いい感じの大きさの空き箱が出た時。「いい感じの」と感じるところが保育者ごころで、子どもが何かを創り出す姿を思い浮かべてしまう。園では製作のための空き箱をご家庭からよく持ってきていただくが、化粧品の箱のように小さめで丈夫な箱はそうたくさんは集まらない。「この小さくてきれいで丈夫な箱を製作コーナーに置いておいたら、何かすてきな製作物になるのではないかしら」、と思うと捨てられない。箱はキャベツと違っていつまでもとっておくことができるので、今でも溜めておいて、どこかの園を訪問する時に持参することにしている。

「保育内容総論」という授業で、学生に遊ぶおもしろさを感じてほしくて空き箱で車を作ることを投げ掛けた。「家に小さめの空き箱があったら持ってきてね」と声をかけて一か月。集まる集まる、化粧品のきれいな箱の数々。小さな空き箱を集めたいと思ったら、女子大生にお願いするとよいのだな。

いよいよ空き箱集め用の段ボールがいっぱいになったので、その日の授業は空き箱製作。子どもなら、自分が作りたいと思っている形をイメージしながら、これだと思う空き箱を手に取るだろう。あるいは思わず手に取った空き箱からインスピレーションを受けて、作りたいものが湧いてくる子もいる。学生はどうかというと、まずは段ボールの中の空き箱の、過去に入っていたであろうモノについてのおしゃべりが始まる。「この口紅、発色いいよね」とか「きゃー、Tファニーの箱。ブルーがなんてすてきなの」「何が入っていたのかな」とか。その人の心の中にどんな関心があり、どんな経験が詰まっているかによって、モノの見え方は決まってくるのだろう。空き箱一つでも子どもと女子大生では見え方がこんなにも違っておもしろい。

さて、キャベツ畑の後日談です。

夕方、腰に小太鼓くらいの大きさの機械をぶら下げて、機械についているハンドルをクルクル回しながら畑を行ったり来たりしている人がいる。Hさんだ、お礼を申し上げようと、我が家の傍まで近づいてくるのを待ち構えていたが、よく見るとHさんではなく、初対面の方だった。「何をしているのですか?」と声をかけると、「ライ麦の種を蒔いています」との答え。「キャベツを収穫した後の農地は、土の中の栄養素にばらつきがでる。ライ麦は土をまんべんなく元気してくれるので来年の作物のためにいいし、穂が出たら刈って牛のエサにするのです」と言ってライ麦の種を見せてくださった。

そういえば前年の晩秋、キャベツ畑は季節に似合わないような青々した雑草に覆われていたっけ。雑草にしては規則正しいな、と変な感じがしたけれど、あれは雑草ではなくライ麦だったのか。なんだ、そういうことか。農地を整備してくださったのは私のためだけではなく農地の賢い活用法だったのか。だけれども、とてもいい！

一年の半分はHさんがキャベツを作る。残りの半年は牛飼いの青年がライ麦を育てる。土も牛もキャベツも元気になる。そして私の林の中の秋の暮らしも元通りになる。一石四鳥ではありませんか！

やっぱり次にHさんにお目にかかったら、お礼を申し上げよう。

第七話　虹のお話し

二〇〇六年秋のある晩、部屋の中に虹がかかった。マンションの一室の中に虹です！

それが出た瞬間、天国の夫がプレゼントしてくれた虹だとすぐに分かった。私は虹を肩にかけ、両手でナデナデしながら、「龍一さん、ありがとう」と呟いた。確かに虹をナデナデした。

だが、それはもちろん夢の中の出来事。朝起きた時、虹の感触は手の平に残ってはいなかったが、心の中はまるでお砂糖が詰まったように幸せだった。虹をこの手で触ったからというより、たぶん、それが夫からのプレゼントだと確信したからだろうと思う。あまりに嬉しかったし、鮮明な夢だったので、二〇〇七年初春の年賀状に「旧年中のベストワンの出来事」としてイラスト付きで報告したのだった。

雨上がりの交差点で虹に出会ったとき、それに気づかずに信号を待っている人を見ると、「虹ですよ」と教えたくなる。でも一度、勇気を出してそうしてみたら、その人は一瞥してすぐにスマホに目を落とした。私には虹を見ると、その奇跡に出会えたことで心がスーッと上にあがる感覚があるけれど、誰もがそう感じるとは限らないらしい。

二〇一五年晩夏、新潟長岡で仕事を終えた帰り道、大きな二重の虹を見た。田んぼから田んぼへ両端がしっかりとくっきりと。それは私がそれまでに出会った虹の中で、最大で、時間的にも最長で、最も鮮明な輪郭を持っていた。にもかかわらず、新幹線のホームでそれを見つめていたのは、私と一人の若いサラリーマンだけだった。他の人の体は線路の方に向いていて、私とその人だけが線路に背を向けて見事な虹から目を離せないでいた。

そして、ふと顔を見合わせ、目と目で「虹、素晴らしいですね」の会話。美しい光景を共有した時、それがたとえ見知らぬ人でもその瞬間に心を通わせることができる。気づく人はちゃんと気づいて、幸運を分かち合える。


二〇一八年九月小雨の朝、私は山の家に向かって車を走らせていた。母は私と山の家で過ごすことをいつもとても楽しんでいて、庭の花を摘んでスケッチをしたり、森で拾った木の実でリースを作ったりして過ごす時間をこよなく愛していた。最後に二人で過ごしたのは七月初旬のことで、いつものように庭を楽しみ、ぐうたら村で小西さんご夫妻との会話も楽しみ、いつも母を悩ませていた足の痛みを一時忘れていたようだった。また連れてきてね、と喜んでいた。

それから一か月後、突然倒れて意識を失い四日目に逝ってしまった。私も家族も、そしておそらく母も想像も想定もしていなかった。四日目の夕方、病院の窓の外にはこれまで見たことがないような真っ赤な、少し畏れを感じるほど真っ赤な夕焼けが広がって、私は「母は今晩逝くのだな」と予感した。

助手席に母を乗せずに高速道路を走っているという現実に悲しみが溢れ、運転に支障が出そうなほどに涙が止まらない。「もう一度でいいからお母さんに会いたい」と思いながらカーブを曲がった瞬間、目の前にどーんと虹。

その根元は太く、天に向かって伸びていたが、先の方は雲に潜り込んでいた。

神様に掛け合ってこの虹をかけたのは母に違いない！　私が泣いているものだから、「私は雲の上で元気よ。貴子も元気出して」と伝えにきたに違いない！　しかもすっと消えたのは母らしい潔さよさで、後は自分で気持ちを立て直しなさいというメッセージに違いない。

その数か月後に父が眠る墓所に納骨した日。式を終えて参列者みんながほっとしたその途端にそれまで曇っていた空に日が差し、上空の雲が虹色に染まった。気象学的には「彩雲」というらしい。みんなは鮮やかな虹色の雲を見上げて、口々に「弥生さんが、これはまた派手に挨拶しにきたね」「弥生さんらしいね」等と呟いて笑顔が広がった。

彩雲は三十分以上も続いていたと思う。

気象条件が整えば虹だって彩雲だって出現する。それが自然科学。

けれども私たちは、科学の言葉や説明を超えて、そこに人間味溢れる「必然」や「意味」を見出す力をもっている。科学的でないと言われればそれまでだけれど、確かにあの日、高速道路で見た虹は私の心を見通すかのようにあらわれて、私を励ましてくれた。それは私にとって、とても大切な物語なのだ。

二〇二二年九月八日、英国のエリザベス女王が逝去される数時間前に宮殿の上空に二重の虹が出たという。人々は「殿下が女王を迎えに来た」と見上げていたとニュースが報じていた。英国の人もやっぱりね。身の回りに起きる現象に、自分の「主観」を重ねて物語りを見出そうとするのは、人間にしか与えられていない素敵な力なのだと思う。

ハワイには　No Rain No Rainbow　という諺があるらしい。雨が降らないと虹はでない。転じて、つらいことや悲しいことのあとに幸せがやってくるという意味だという。だから虹を見ると心がスーッと上にあがるのだな。

第八話　最も古い「いのち」の記憶

幼稚園には在園期間の半分くらいしか通園しなかった。信州伊那谷の小さな集落に住む祖母が病気になり、嫁である母が看病に行くことになったからである。姉は小学生だったので近所の家に預けられ、四歳の私と二歳違いの弟は信州の山の中で暮らすことになった。隣人が他人の子どもを預かってくれるいい時代だった。しかも長期間！

幼稚園を無期限休学となった私は、看病に忙しい母の目の外で、村の子どもたちと朝から陽が落ちるまで、野山を駆け回っていた。村の真ん中をやがて天竜川に注ぐ小さな川が流れていて、一本の橋がかかっている。その橋をめぐる川向うの集落の子どもとの激しい泥団子合戦にオミソとして参加したり、村の人の田植えの傍らで泥遊びをしたり。家ではお蔵の前の三和土をままごとの場所と決めていて、野草を摘んでご飯作り。当時はペットボトルなどなかったので、駅弁と一緒に買うお茶の容器は陶器だった。東京から伊那に移動する列車の中で買ってもらったそのお茶が入っていた陶器は、とても大切なままごと道具だった。あの三和土のひんやりとした感触を、今でも、いつでも、思い出せる。

一人遊びの時間も長く、二時間に一本、町からやってくるバスが山間を見え隠れしながら走るのに手を振ることとさえ遊びだった。

私の体はいつも地べたの近くにあり、ほとんど自然の一部だった。

そんな躍動的な記憶が鮮明である一方、どうにも表現できないような感覚も心に刻み込まれている。


村の人は日中の暑いさなかは野良仕事をしない。昭和三十年代の農家の仕事は機械化されておらず、その労働は今以上に過酷なものだったろう。お百姓さんたちは昼ご飯の後の二時間あまり、体を休めるために昼寝をする。

子どもの私は遊びたくて仕方がない。真っ昼間に外に出ると、村は静まり返っている。

焦げ付くような陽射し。

ビーチサンダルの底が溶けそうに熱くなったアスファルトの道。

立ちあがる陽炎とうるさいほどの蝉。

死んだように眠る村の真っただなかで、私だけが「生きて」いる。異世界に迷い込んだような心細さと、遊びたい気持ちの強さの狭間で立ちすくんでいる自分がいた。

同じような昼下がり、私は一人で村なかの田んぼの水路に自生するセリを摘んでいた。タカコちゃんが中学校から戻ってくるのを待っていたのかもしれない。

タカコちゃんは「ヒガシ」という屋号の家の末子で、自分と同じ名前というだけでも大好きなお姉さんだった。タカコちゃんは十歳も年下の私を妹のように可愛がってくれていて、セリ摘みは私たちのお気に入りの遊びだった。

ふと顔を上げると、普段は静かな昼下がりの村はずれで、大人の騒ぐ声が聞こえる。声の方向に走っていくと、集落に入る最後のカーブに大きなトラックが止まっていて、数人の男の人がトラックを取り囲んでいた。人垣をかきわけると、トラックの真下に自転車が横倒しになっているのが目に入り、そのすぐそばに、制服姿のタカコちゃんが横たわっていた。

転んで手や足から血を流したことは自分もあるけれど、どうしてタカコちゃんは耳から血を流しているのだろうか。どうしてタカコちゃんはこんなところで眠っているのだろうか。私は不思議でならなかった。

騒ぎを聞きつけた母が現場にかけつけた時、私は大人の間で、不思議そうにタカコちゃんを見つめていたという。当時は携帯電話などないし、電話も当時の田舎には集会所にしかなかった。トラックの若い運転手は電話をかけに行った集会所で泣き崩れ、立ち上がれないでいたそうだ。

蝉がうるさく鳴いていて、その日も陽炎がゆらゆらと立ち上っていた。

私の記憶はそこで途絶えていて、タカコちゃんのお葬式のことも、自分が泣いたかどうかも憶えていない。しかし、その昼下がりの光景は、その場の空気や、目に入る色彩や、大人たちの様子などがないまぜになった一枚の静止画となって、私の心の奥底にしっかりと収められている。

これが私の中に眠る最も古い「いのち」と向き合った記憶である。

私の中の四歳の私が言う。

子どもというのは明るくて元気で、遊びに夢中になっているばかりではないよ。明るいがゆえに、逆光で周囲が真っ暗に見えてしまうような怖さを体験しているかもしれない。生と死が意外に近いことに気付いているかもしれない。そして、子どもなりに、いや子どもだからこそ、言葉で十分に表現できないからこそ、ある強烈な「一瞬」を、一枚の画像として心に抱えるかもしれない。

だから、小さな子どもには、心を留めて、ていねいに向き合わなければならないのだと思うのです。

第九話　「モノの見え方」続編

寒い季節の林の中の暮らしを支えるのは薪ストーブ。真冬になると外気温は零下になり、室温も五、六度なる。寒がりの私がログハウスに到着して真っ先に行うのは薪ストーブに火を入れることなのだが、いつもドキドキしながら、そっとストーブの上蓋を開ける。

なぜなら、ストーブの庫内で野鳥が息絶えていたことが過去に二回あるからだ。まだ生きていて出口を探して狭い庫内をばたばた暴れ回っていたこともあった。パニックになっている鳥を捕まえるのは一苦労だった。ようやく捕まえて窓の外に解き放つと、その種類がわからないほど煤で黒くなっていた小鳥は、慌てて林に飛んで行った。

いずれも煙突から誤って中に入り込み、出られなくなってしまうのだ。煙突の入口に網をかけて落ちないようにしてあげなければいけないとずっと思っているのだが、屋根に上ることは私にはできず、機会を逸している。

そして、今年もそうっと上蓋を開けてみると、小さな野鳥が中で横たわっていた。ごめんね。暗くて、怖くて、苦しかったね。

裏庭に小さなお墓を作ってあげた後、室内で仕事をしていると、小さな鳥が窓際までやって来て、ホバリングしながら窓をこんこんと突つく。慌てて野鳥の本を広げて調べる。渡り鳥らしい。その鳥は、今度は別の窓に回って、やはり室内を見回しながら私に向かって何か言っている。初めて見る光景で、私にはまるで、仲間が煙突の中に落ちたことを知らせに来て、「タスケテアゲテ」「タスケテアゲテ」と訴えているように見えた。

ごめんね、さっきお墓を作ったからね。今度こそ煙突の入口に網をかけてもらうからね。そう心の中でつぶやくと、その鳥は林の中に去って行った。

この話をぐうたら村で小西さんにしたら、それは多分、渡ってきた鳥が窓に映る自分の姿を別の鳥と思って、縄張りを主張するために攻撃しているのだと教えてくれた。自然の摂理的にはそう説明がつくらしい。でも、あの鳥は確かに私に何か訴えていた(ようにしか見えなかった)。

私は自然の中で過ごす時間が長い割には自然界の営みに疎い。けれど、疎いおかげで、私なりの勝手な物語が描けてしまうのだからそれはそれで愉快だ。「疎い」ことも悪くはない。

ついでに「もし煙突から蛇が入り込んでいたらと思うとドキドキする」と言うと、「蛇が屋根に上っていく必然性はほぼないでしょう」という答えだった。確かに。屋根の上には餌もなければ日陰もないものね。蛇はおそらく屋根に上らない。だから煙突からは入ってこない！　よかったぁ。

やっぱり論理的・科学的に考えることも大事だ。

自然の摂理を知って理解することと、感性豊かに出来事を捉え、自分勝手な物語を描くこと。その両方をちょうどいい塩梅で考えたり感じたりしながら暮らせたなら、きっと林の暮らしはもっと豊かになることだろう。

小鳥の物語に思いを巡らせた次の日、私は「保育エッセイを書いてみよう」という講座を企画していて、ぐうたら村で一日を過ごしていた。まずは現実から身を離してフィールドを味わい、心にとまったことを書いてみようという企画だ。お昼ごはんが終わって、参加者の皆さんとのんびりおしゃべりをしている時だった。突然、風がヒューッと吹いて、栗林から落ち葉がわーっと舞い上がった。資材置き場に設置されている物見台よりも高く一斉に。「キャッホー」と、声が聞こえるようなにぎやかな散りっぷりだった。

「落ち葉が舞い散る」というとある種のもの悲しい風景を想像するけれど、全く異なる光景で、私には、とっても元気な栗の葉っぱの坊やたちが、晩秋の午後の陽ざしの中でわいわいと大はしゃぎしているように見えた。口々に「じゃあね」「またね」「元気でね」と言っているみたい。

小さな葉っぱの坊やたちは、大勢で力を合わせて「光合成」し、大樹に栄養をもたらす。それだけではなく、夏の暑い日、私たちに木陰を提供してくれる。私の目には見えないし、気付けないでいるけれど、きっと沢山の生き物が葉っぱのお陰で「暮らし」を成り立たせていただろう。

そして秋になって、元気な散りっぷりを見せてくれた。

散った葉っぱは積もって、歩くとカサカサとすてきな秋の足音を創り出してくれるし、落ち葉を山のようにしておけば、子どもたちの格好の遊び場にもなる。一か所にためておくと上質な腐葉土となって、次の植物を育てたり、カブトムシの幼虫を育てたりもする。葉っぱの坊やたちはその先に自分たちの役割があることを知りもせず、元気に散っていくのだな。

いつの間にかできないことが増えるお年頃に近づいてきた。このところ人に助けてもらうことが多くなり、自分の像がどんどん小さくなっていく気がしていたけれど、「散っていく時も元気がいいよ」「風に任せなよ」と葉っぱの坊やたちに教えられた気がした。

こんな風に、勝手に物語りにしてみると、ちょっと元気と勇気が湧いてくる。

第十話　人生を楽しむ達人（その一）

新しい年が明けてご機嫌よく過ごしていたら、役所から「ひとり暮らし高齢者調査」という封筒が届いて、のけぞるほど驚いた。

ああ、私はいつの間にかひとり暮らしの高齢者になっていたのか……。

「カワベサン、イツマデモ、カワラナイデスネ」と言われてついその気になっていたけれども、確かに夫を見送ってから二十五年間ひとり暮らしだし、国の制度では六十五歳から高齢者。「ひとり暮らし」と「高齢者」。どちらのワードからも裏寂しさがにじみ出て、「独居老人さん、迫る老いを覚悟しなさい」と突き付けられているみたいに感じてしまった。

伝統的に日本では還暦が一つの節目に捉えられていて、私も五年前に仲間や家族からたくさんのお祝いメッセージをいただいたけれども、実は、本当の節目は六十五歳だと思い知った。

若い方たちにお伝えします。昨日より若い明日はなく、人生あっと言う間に「高齢者」です。

こういう時にこそ、「気は持ちよう」という構えが大切だと自分に言い聞かせる。高齢者に分類されたことでインフルエンザの予防接種が無料になったし、大好きな近くの井の頭自然文化園の入場料が半額になったではないか。

新聞の運勢欄を開いたら

「好奇心がなくなれば人間廃業するが如くなり。好奇心を以って開運」とあった。

そうだ。大事なのは生物学的な年齢ではなくて、心の柔軟年齢。ここは「気の持ちよう」の正念場だな。いいことだけを数えて、出来ないことは若い方たちに遠慮なくお世話になって、上手に年を重ねて行かなくちゃ。それに私のまわりには、お手本を示してくれるたくさんの人生を楽しむ達人がいるではないか！

林の中の家から集落までは五百メートルくらいある。集落には地元の方と、都会から移住してきた定住者組が暮らしていて、今では先祖代々暮らしてこられた方よりも定住者組の戸数のほうが多いと聞いている。そして、どちらも高齢化が進んでいる。

私の年間の滞在日数は平均五〇日程度だけれど、二十五年も通っているので地元の方にも定住の方にも知り合いが多く、庭仕事をしていると次々と車が止まって声をかけてくださる。都会ではもはや立ち話の文化は衰退しているし、休みの日などは一日中だれとも話さないこともあるが、ここでは頻繁に交流が起こる。

「やあ、久しぶりだな。忙しかったのかい」とか、「庭の花が留守の間もきれいに咲いてたよ」とか。話のついでにマレットゴルフに誘われたり、お食事のお招きを受けたりもする。点と点をつないで空白を埋めていただいているような感じになって、私はとてもうれしくなる。それに集落の皆さんは人生を心から楽しむ達人ばかりなので、「ねばならない」ことが多い日々を過ごしている私の心が上向きになる。

第四話の「鹿をめぐって」にチラっと登場したNさんもそのお一人。現在八十四歳のNさんは若い時は登山が趣味だったということで、仕事をリタイヤした後は山の見えるところに暮らしたかったのだという。十年ほど前にがんを発症し、三年おきに三回も手術を受けておられるが、体が弱っている時も心はいつも元気で、入院中も体力が衰えないように病院の階段を上ったり下ったりしていたとおっしゃっていた。決してへこたれない。

なんでも手作りし、お酒を嗜むためだけの小さな庵も自分で建ててしまわれた。私の草刈り機は何回もNさんに直してもらったし、段差のある裏庭に降りるための梯子も手作りしてくださった。その梯子（というか橋）がまるで下にトロルが潜んでいるような佇まいで、小さなお客さんが遊びに来ると、私はそこで「がらがらどんごっこ」を楽しんでいる。

Nさんと飼い犬のリオの散歩道の途上に我が家にあるので、早朝からよく立ち話をする。私も毎日散歩するようにしているが、それは健康のためと位置付けていて、いつも万歩計を身に着けていた。万歩計を忘れた時は指を折って歩数を数えながら歩いていた。キャベツ畑を一周するショートコースは約四千歩。リオの散歩道を辿って帰宅するコースは約六千歩。生活動線だけで人は一日四千歩は歩いているというので、これくらいで合わせて一日一万歩。ノルマ達成という感じ。

ある朝、私が庭で焚き付けの枝を集めていたところにリオを連れた散歩中のNさんがやって来て、「ジンバイソウが林の中で咲き始めたよ」と言う。私はジンバイソウという名前を初めて聞いたので、咲いている場所まで連れて行ってもらうことにした。

林の中は道標がない。迷子になるのが怖くて、これまで知っている林の中しか歩いたことがなかった。そこは初めて入る起伏にとんだ林で、人が一人通れるだけの道が続いている。なんとNさんがリオの散歩のために自分で切り開いたのだと言う。毎日毎日、毎日毎日、歩き続けてしっかりルートができていた。ルートを遮る倒木はNさんがチェーンソーで取り除いたのだと言う。すごいなNさん。

ジンバイソウはその林の中にひっそり咲いていた。地面から三センチほどの茎が伸びていて、薄黄緑というか輝く白というか、とても不思議な透明感のある花が茎の先に咲いていた。知らなければ見落としてしまうような小さな植物。「見える方にだけ楽しんでいただければよいのです」と、お花がはにかみながら呟いているようだった。Nさんはそれに応えて「美しいなあ」と、しみじみと花に声をかけていた。

帰り道も「ほれ、そこにサルナシがある」「ツタウルシだ。秋になったらきれいに紅葉するよ」ととても楽しそうに次々と林の仲間たちを私に紹介してくださった。

楽しそうだなNさん。病を抱えて、いつまた再発するかもわからないのに、穏やかに今を楽しみ、「今を生きる」を大切にしていらっしゃる。


その日を境に私は散歩スタイルを変えた。万歩計を持たない。歩数を数えない。心が楽しむ方向へ、気持ちがいい方向へと歩き、「ああいい気持ち」とか「きれい」とか、感じたことを独り言ちる。

あれっ。もしかして、独り言をいい始めたら、立派な「ひとり暮らしの高齢者」なのかも。

第十一話　クロネコの教訓

コロナが蔓延する前のことである。街の自宅の玄関前にクロネコが出没するようになった。

玄関前は陽がよく当たるので、日向ぼっこでもしているのかもしれない。今まで見かけたことがない、『魔女の宅急便』に出てくるような真っ黒なネコ。だけど、あちらのような可愛らしさはなくて、百戦錬磨の野良のように見える。

ネコ好きの方なら、「どこから来たの？　おうちはどこなの？」と語りかけて、すぐに仲良くなることだろう。実家ではイヌを飼っていたこともあり、「イヌ派」か「ネコ派」かと問われれば私はイヌ派で、ネコをこの腕に抱いたことはたぶん人生で数回しかないと思う。ネコ好きの方からの反感をかうことを覚悟して正直に言えば、最初に湧いた感情は「嫌だな」「困ったな」というものだった。

日中は仕事でほとんど留守にしているのでわからないが、きっと日がな我が家の玄関前に居るのかもしれない。帰宅すると必ず座っているようになり、私が「シッ！」と追い払うものだから（ネコ好きさん、すみません……）、隣のマンションのフェンスと我が家の壁との間の三十センチもない隙間に逃げ込む。覗き込んでみると、どうせ人間は入ってこられないことがわかっていて、中間に留まってこちらをじっと見ている。そして、私が家に入るとすぐに出てくる。雨が降れば、玄関前に止めている車の下で雨宿り。

人同士でもそうだ。好意をもって近づけば相手もそれがわかって安心するが、その逆の感情はなおさら相手に瞬時に伝わる。クロネコは私を見ると、「シャーッ」と威嚇してくるようになり、つまりそれは私が「どこかへ行って！」というオーラを醸し出して「シッ！」と言うからなのだが、私たちの間に緊張が走るようになった。その上、隣に住む姉が「あなたの家の玄関前に出没しているネコさん、お腹が大きくない？」と言うものだから、ますます困ってしまった。

大変だ。この隙間で子どもを産んでしまったら本当にどうしよう。

思い詰めた私はネット検索してみた。ノラネコに困っている人は世の中にたくさんいるようで、ノラネコが居座らないようなトゲトゲのついたマットやネコが嫌うという忌避剤などが売られていて、思わずポチッ……。

そんな緊張関係が続いたある雨の日、クロネコはいよいよノタノタと歩くようになった。私がいつものように追い払おうとしても、こちらを睨んで車の下から動かない。ああ、どうしよう、いよいよ出産するのか？　私の車の下で？　ああ、だれかこの子を公園の隅っこにでも連れて行ってくれないか……。

私とクロネコが対峙しているところへ姉がやってきて、素晴らしい情報をもたらしてくれた。ネコ好きの友だちに相談したら「地域ネコを守る会」というのがあり、そのボランティアさんの電話番号を教えてくれたとのこと。私はその時初めて、彼らが「ノラネコ」という不名誉な名前で嫌われるのではなく、「地域ネコ」として天寿を全うさせようという社会運動があることを知ったのだった。

そこで早速電話をかけたところ、「地域ネコを守る会」のお姉さんは、三十分もしないうちに駆け付けてきた。この間に異変を感じたクロネコは車の下から這い出して、フェンスの隙間に逃げ込んでいた。お隣の敷地からならば近づくことができる。そこでマンションのオーナーさんにお許しを得て敷地に入らせていただくことにした。お姉さんは自分が濡れるのも気にせずにフェンスに近づくと、「ああ、雨の中寒かったね」と声を掛け、「お腹空いたでしょう」と鞄からネコが大好きというチューブに入ったゼリーを取り出した。

クロネコは、一瞬で、明らかに顔を和ませた。それは私にもわかった。

そして、お姉さんがフェンスの隙間から差し出したチューブ状の食べ物をぺろぺろと舐めだした。お姉さんは絶えず「偉かったね」とか、「濡れて冷たいね」と話しかけている。

私は濡れることをいっさい気にしていないお姉さんに傘をさしかけながら、自分の今までの態度が情けなくて、心が涙でいっぱいになっていた。

どうやって捕まえるのかと思っていたら、「ちょっとごめんね」といいながら、夢中になってチューブを舐めているクロネコの頭から大きめの洗濯ネットを被せて、あっと言う間に高さ一メートルのフェンスの間から引き上げた。クロネコは騒ぐでもなくお姉さんの腕の中に抱かれたのである。

これからどうするのですかと尋ねると、まず、地域ネコ保護を支援する動物病院に連れて行って診察を受け、その後に保護してくれる家を探すという。「排除」という言葉に占拠されていた自分の心根が情けなくて情けなくて顔を挙げられない。せめてもの罪滅ぼしとして治療代をお渡しした。お姉さんは「とても助かる」と笑顔を残し、クロネコを車に乗せて去って行った。

夕方、お姉さんから電話があった。

クロネコさんは年をとった雄ネコでした。飼い猫だったらしく野良生活でだいぶ弱っていたけれど、動物病院に連れて行ったら病気はなかったから安心してください。連絡をくれて本当にありがとう。雨の中であのままだったら命をなくしていたかもしれないけれど、あなたのおかげでこの子を救うことができました。もうあまり残された時間は長くなさそうなので、私の家で飼うことにしました。本当にどうもありがとう。

出産間際なんかではなくて、弱っていたからよたよたしていたのか。私はお姉さんから感謝されるようなことは何もしていない。それどころか排除しようとしていたのだ。送られてきた写真は、あのネコか?と見間違うほど穏やかな表情で、毛布の上で安心して寝ている一枚だった。

頭をハンマーで殴られて、心に熱いお湯が注がれた出来事だった。

日頃、命が大事と言ったり書いたりしているのに。この連載のテーマは命や時間のはずなのに。

私の中に、思い込みで物事を捉えたり、自分本位に他の命を捉えたりする一面があることを、どうしても、どこかで、カミングアウトしておかなければと思ったのでした。

第十二話　人生を楽しむ達人（その二）

この連載のタイトルになっているジューンベリーの樹を植えてから二十五年。まっすぐに天に向かって育ち、樹高が四メートルを超えてしまった。ゴールデンウィークの頃の満開の白い花は、それはそれは美しい。天国の夫にもよく見える、とその成長ぶりを喜んでばかりいて、枝の剪定をすることも、これ以上高くならないようにする、いわゆる芯止めもしてこなかった。けれどもいよいよ伸びすぎた枝が道路にはみ出してきたし、この数年花弁が小さくなったような気もしていた。そこで造園やさんのSさんにジューンベリーの診察をしていただくことにした。

山の家は八ヶ岳南麓の林の中に建っていて、背面に八ヶ岳、正面に甲斐駒ヶ岳がどーんと見える。Sさんは我が家を訪れると、いつも「いい景色ですねエ」「素晴らしいですねエ」「気持ちが良いですねエ」と繰り返し言葉にされる。私はSさんの口から否定的な言葉や後ろ向きの言葉を聞いたことが一度もない。しかもその声はなんともいえずにしみじみとしていて、マイナスイオンが宿っているかのように聞く人の耳を通して心まで染み込んでくるようなのだ。

多分、それはSさんの「人生」が声の響きになっているからだと思う。

Sさんは御年九十歳。森のコロボックルがお爺さんになったらこんな感じかな、と思うような小柄な方だが、Sさんの人生はそんなファンタジックではなかったらしい。若い時には別の仕事をしていたけれど、事業に失敗して夜逃げ同然に峠を越えた。その時に見た朝焼けが美しかったことを今も忘れない、とお話ししてくださったことがあった。何もかも捨てて峠を越えて逃げるって。私が知る限り、それは映画「サウンド・オブ・ミュージック」のトラップ大佐一家だけ！　Sさんもあんな風に心の底には希望を宿して、峠を越えられたんだろうと想像する。それからどんな経緯で造園やさんになったのかはお聞きしていないが、山や樹木がもともと好きだったからというのは疑いがない。

Sさんの診断は、大きくなりすぎると花に勢いがなくなるので、高さを三分の二ほどにして、道路にはみ出した枝も剪定しましょうというものだった。伸びたい放題に伸ばすのは必ずしも良いことではないらしい。夫が植えた思い入れのある樹だから、「伐る」というのはちょっぴり心が痛いけれど、Sさんが樹のことを一番に考えていることがわかるので、作業をお願いすることにした。

伐採作業の日、やってきたのはSさんを含めて三名だった。私は勝手に、Sさんが地上から指示して、若い方の職人さんが樹に登るのだと思っていた。だって九十歳だからね。ところが梯子を樹に掛けると命綱を付けたSさんがするすると上がり、枝と枝の間に足をぐわーんと広げて伐採を始めたではありませんか！　まるでサルトビサスケのように枝から枝へ移りながら。樹の上から「バランスどうかな」と声をかけるのがSさん、「いいと思います」と地上から応えるのが若い方。もう一人は切られた大量の枝を細かくする役割だった。

作業が終わり樹から下りてきたSさんは、二本のジューンベリー全体を視野に入れると、いつものように「ああ、いいですねエ」としみじみ呟いた。「一度に枝を落とし過ぎると樹が弱るので今年はこの程度にします。来年の春先にまた見に来ます」とおっしゃって、二トントラックを運転して帰られた。

ということで、一年がたち、九十一歳になったSさんが再び我が家のシンボルツリーの様子を見に来てくださった。

高齢の方の一年はたやすくない。老化の進度は加速するようで、亡くなった両親も晩年はどんどんとできることが少なくなっていた。Sさんだって例外ではないはずだから、私はちょっとドキドキしながらお電話をしたのだった。

ところがやってきたSさんは見た目も様子も一年前と少しも変わりがない。額に絆創膏を貼っておられるので理由を尋ねると、笑いながら、パジャマのズボンに足をいれたら親指がひっかかって転んでしまったと。額をしたたかに打って腫れたので、樹の伐採作業を少し休んだというのだ。Sさんは「部屋が暗かったから」と笑ったけれど、九十一歳の多くの方は、部屋が明るかろうが暗かろうが、座ってズボンを履いている気がする。恐れ入りました。やっぱりコロボックルのお爺さんなのかもしれないな……。

前年に花芽をたくさんつけていた枝を春先に剪定したので、当然のことだけれどその年はあまり花が咲かなかった。しかし樹はものすごい勢いで光合成を求めているということで、樹のマタというマタから空に向かって新しい芽が吹き始めている。Sさんは「いいですねエ」としみじみ呟いて、来週、新芽を間引き、もう少し枝もはらいに来ますとおっしゃった。

Sさんとの会話や振る舞いからいただくことはとても大きい。

私はこの頃体力の衰えを感じることがあり、林の中の暮らしもあと十年位しか楽しめないのではないかと思い始めていた。都会での暮らしと違うのは、ここでの暮らしには体を使う作業が多く、年々きつくなっている。本当は庭に花の咲く樹をあと数本植えたいと思っている。だけれど、苗木が樹らしくなるには十年以上かかるので、ちょっと諦めかけていた。けれどSさんはこう言う。

少しずつ植えましょうよ。そうですね。二本位ずつ。樹は五年くらいで根が張って、するとぐんと上に成長しますから、それを見てから次の二本を植えましょう。最初の二本はヤマボウシとサンシュユにしましょうか。どうですか？


全く人生の達人には本当に頭があがりません。

目先にとらわれず、ずっと先を見る。

だけれども先を見過ぎて不安にならずに今を楽しむ。

焦らずに「自然の時間」に寄り添う。

私はSさんのアドバイスに従って、少しずつ樹を植えていこうと思った。まずはヤマボウシ。

第十三話　タクシーの運転手さん（その一）

みなさんはタクシーに乗車した時に、運転手さんとお話ししますか？

それとも目的地に着くまで黙って乗っている？

コロナ禍で、少し控えているけれど、私は断然、お話しする派です。

この三月に岩手県の宮古市で乗車したタクシーの運転手さんとの会話から、思い出したことがあったので、今回は街の暮らしでも、山の暮らしでもなく、タクシーの中のお話です。


乗務員の氏名を見えるところに掲示することは国土交通省から義務付けられているらしい。仕事でたびたび訪れて利用する山形市のタクシー会社は、運転手さんのお名前だけでなく、その下に「趣味」という欄があって、「海釣り」とか「旅行」とか書いてある。これは「話しのきっかけにしてくださいね」という会社の意思表示に違いない。敷かれたレールには乗らなくちゃ。というわけで、私は必ずふってみることにしている。

「運転手さん、趣味が錦鯉、と書いてありますけど、鯉を飼っているのですか？」

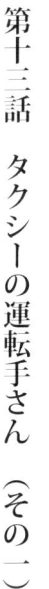

すると運転手さんは、そら来た！という感じで、運転席のどこかから小さなフォトアルバムを出して、素早く後部座席の私に手渡してくださった。もちろん全て鯉の写真で、一匹一匹の模様が素晴らしい。ご自宅の池で育てていて、模様も作っているという。どうやって？鯉の模様って作れるの？山形の寒い冬の間、池の鯉はどうしているの？など聞きたいことが次々と湧いてきて、あっという間に目的地に到着。

ある時は「魚釣り」が趣味の運転席から手作りのルアーを入れたケースが出てきたり、別の日には海外旅行の写真が出てきたりして、某テレビ局の「○○○の知らない世界」ならぬ「タカコの知らない世界」が展開して実に面白い。

十五年ほど前の体験になるけれど、忘れられない運転手さんとの会話がある。

京都で仕事があり、駅から会場までタクシーを利用した。桜がちょうど満開の週末で、花見客が繰り出しているせいなのか、渋滞で車がなかなか進まない。運転手さんが「私のタクシー歴はそう長くはないんだけれど、こんなにこの道が混むのは初めて」とおっしゃるので、「以前は何をしていらっしゃったのですか？」と伺ったところから、忘れることができない会話が始まった。

西陣織の職人をしていたのだけれど、斜陽で家業をたたむことになった。大手の大量生産の着物工場に就職したけれど、そこは分業制で自分は一か所の糸染めを担当することになった。他の作業を見ることもできない。そんな仕事の仕方は少しも面白くないんだ。だから辞めて、今はタクシーに乗っている。西陣織には沢山の工程があるから分担はするのだけれど、職人というのは全体が見えていないとだめなんだ。新人とベテランとでは、もちろんできることは違うけれど、全ての工程を全ての人が見られる環境が大切なんだ。それがいい仕事につながるんだ。

というようなことを、柔らかな京都弁でゆったりと話されたのだった。そして、ダッシュボードからご自身が製作された西陣織の着物や帯の写真を出して見せてくださった。美しい、華やかな作品たち。それは、乗客との話の種のために仕込んでいるのであろうフォトアルバムではなく、たぶん、時折眺めては、今は眠っているご自分の職人魂と会話をするために持ち歩いておられるのだなと思った。

ちょうどその時期、私はレイヴとウェンガーという人が書いた『状況に埋め込まれた学習 ― 正統的周辺参加』という本を読んでいた。この本は、現代の学習観を「徒弟制」という異なる視点から問い直したものなのだが、難解で私の頭では何回読んでもよく理解できないところがあった。ところが運転手さんのお話しで、ストンと腑に落ちたのだ。

職人さんたちの徒弟制の世界では、学校のように順序立てて知識や技能を教えてくれはしない。見習いは、親方や先輩の仕事を見様見真似で、見習いでもできる小さな仕事から取り組む。つまり最初は周辺的な位置から仕事に参加して、次第に中心的な仕事を担うようになっていく。そのプロセスこそが学習の本質であるというのがレイヴたちの「正統的周辺参加」という学習理論。

運転手さんは、前の仕事場では全体が見えていて、その中でその人の力に応じた仕事をそれぞれが担っていたから面白かったし、いい仕事ができたおっしゃった。まさにこれが正統的周辺参加論！　私は、運転手さんのお話しは最新（その当時の）の学習理論そのもので、私は感動している、おかげで今まで分からなかったことが分かった、とお礼を申し上げ、そこからまた私たちの会話は続いた。道路が渋滞していることに感謝したのは、後にも先にもあの日以外にない。

タクシーに乗ると、偶然に、異なる世界に生きる人のその人にしか語れない体験と出会えることがある。だから、私はつい運転手さんに話しかけてしまう。冒頭の岩手県宮古市の運転手さんのお話しは、また今度。

第十四話　タクシーの運転手さん（その二）

前回は十数年前に出会った京都のタクシーの運転手さんのこと。今回はそのことを思い出すきっかけとなった、岩手県宮古市で乗車したタクシーの中でのお話です。

三月の末、岩手県下の幼児教育に携わる先生方の研修会でお話しをする仕事があった。会場は宮古市の浄土ヶ浜。浄土ヶ浜を調べると「三陸復興国立公園・三陸ジオパークの中心に位置する三陸を代表する景勝地」とある。これが昨年ならばオンライン研修会だったことだろう。コロナ禍が落ち着いて対面の研修会が行われるようになったこと、そして、そのことによって美しい土地を訪ねられるようになったことがうれしい。それより何よりうれしいのは、岩手の先生方に久しぶりにお目にかかれることだった。

ワールド・ベースボール・クラシック日本優勝の直後ということもあったので、「大谷翔平選手や佐々木朗希選手おめでとうございます。ありがとうございます」と冒頭で変な挨拶をしたら、会場は割れんばかりの拍手に包まれた。やっぱり郷土の誇りなのだな。大谷選手が通っていたという園の先生もいらしていて、再び驚きと喜びが入り混じった大拍手！

東日本大震災、そしてコロナ禍。つらいことが重なるなかで、彼らの活躍は希望そのものだった。改めて、幼児教育という仕事は、一人ひとりの花がどう開くかはその時は見えないのだけれど、すべての子どものその子らしい可能性を信じるすてきな仕事なのだと思った。その後、何とか自分の役割を果たして帰路に着いた。


浄土ヶ浜の会場まで、往路は仙台からの直行バスを使った。宮古周辺を訪れるのは多分六〜七年ぶり。前回の時はまだ、被災した土地が更地になっていたところに家が建っていたり、新しそうな墓石が並んでいたり。今年は十三回忌に当たるから、当地の方々にとっては感慨ひとしおなのだろうと思いながら、車窓の風景に目が釘付けになっていた。

帰りは宮古駅までタクシーに乗車して海際を通ったので気が付いた。防潮堤が怖いほどに高い。バスは車高が高いのであまり感じなかったのかもしれないし、往路は違うルートだったのかもしれない。

海がすぐそこにあるのに、見上げるほどの高い壁が向こうには何もないかのごとくに立ちはだかっている。壁のところどころに小さな空間が切り取られていて、そこから海がちらっと見えるので、壁の向こうに海が広がっていることを認識できる。この「窓」は、きっと私が感じたように、海が見えないのは不安というご意見があって、専門家との長い検討の末の「着地点」なのだろうか。

行きずりの自分が軽々に感想や意見を述べるのはよくないと思いつつ、つい運転手さんに、「壁が高くて、海が見えないのもかえって怖いですね」と声をかけてしまった。運転手さんは、壁を一瞥してから、「こんな壁、意味がないよ。波が来たらすぐに超えるし、あそこから（たぶん「窓」のこと）水がドッと入り込む」とおっしゃった。

私は、運転手さんの口ぶりから、壁に批判的なのかなと感じた。すると続けて、「地震が来たら、とにかく山のほうへ逃げればいいんだ。海を見にきちゃだめなんだ」と。あの時、津波が防潮堤を今にも超えそうなのに、際の道路を走っている車の映像を見て、「早く逃げて！」と心の中で叫んでいたのは私だけではなかっただろう。きっと運転手さんは高台方面に逃げて助かったのだと思って、「運転手さんは無事でよかったですね」と言った。すると意外なお話が始まった。

「実は自分も海を見に山のほうから降りてきて、車ごと流されたんだ。すごい勢いでどんどん流されて、もうだめだと覚悟した。それが偶然何かの壁にぶつかって車が止まったので、今しかないと思って水に飛び込んだのさ。それから泳いで泳いで助かった。あの時の寒さと、星のきれいさは忘れらんねえな」

「地震が来たら海を見にきちゃだめだ」というのは、ご自身への自戒の言葉だった。九死に一生を得た体験を、訥々と岩手弁で語る運転手さんの言葉に圧倒され、「本当に大変な体験でしたね。お話を聞かせてくださってありがとうございます」としか言えずに降車した。想像しただけですさまじい体験を、こうして見知らぬ私に語ってくださって、本当に有難かった。大変な体験をされた方は、その体験を大変そうには語らない。だから余計に胸に染みる。

京都の運転手さんとの会話の時もそうだったけれど、短い時間の中で、狭い空間の中で、その人の人生の大切な体験の一端にふれさせていただくと、一冊の本を読み終えたように心の奥深くに残るものがある。

第十五話　クラウンベッチ！

小さい頃から気管支が弱く、十年以上も定期的に医者通い。それが一歩進んでしまったのか、数年前からよく咳き込むようになってしまった。お医者さんは、年齢も年齢だし、これからは二つのことを控えるようにとおっしゃった。一つは寒冷地で過ごすこと、もう一つは土いじり。

ガガーン!!　それって、私にとっては逆に致命傷です。

標高千メートルを超える山の家の庭には、およそ三十種類の宿根草を中心とした草花が植わっていて、「寒冷地」と「土いじり」がセットになって私を待っている。それを禁止されたら生活の楽しみが奪われることになり、身体の健康は保てても心の健康が損なわれてしまいそう。悲しむのは私、大喜びするのは雑草たちだろう。

「雑草」というと、「草花には全部名前がついている。雑草という草花はない」と牧野富太郎博士に叱られそうだけれど、庭に残したい草花と、そうではない草花というものがあって、ちょっとでも気を抜いていると、断然生命力の強い後者（これが私にとっては雑草）に占領されてしまう。我が家の庭では前者の多くはハーブ類で、たいがい風に揺れる優しい花を咲かせるから、雑草が間に入り込むとサワサワ感が醸し出されなくなってしまう。

私が勤める大学は都心ながら緑が豊かで、この職場が好きな理由の一つでもある。トトロが棲んでいそうな大木もあれば、バラが咲く小さな庭園もある。とても学生には言えないけれど、木陰で二メートルを超えるアオダイショウと遭遇したこともある。

そんな自然豊かなキャンパスを心地よい状態に保つのは大変なことだ。以前は様々な雑事をこなしてくださる方が構内に住み込みでいたので、どこもかしこも、いつも美しさが保たれていた。芝生のスペースには雑草一本なかった。ところがその方が引退されて以降、キャンパス整備は外部の会社に委託されるようになった。もちろん現在のスタッフさんたちも働き者で、秋には大量の落ち葉を根気よく掃いてくださったり、枝を剪定してくださったりするのだが、雑草取りまで手がまわらないようだ。あの美しかった中庭はドクダミに占拠され、足を踏み入れる人はほとんどいなくなった。だれにも愛でられなくてもバラは毎年咲くけれど、足元はドクダミがびっしり。どこかバラたちも寂しそうに見える。一度事務の方に訴えてみたら、「あの白い花を可愛いと言う人もいる」と返された。

言われなくても私だってドクダミの花は可愛いと知っている。言いたいのは、ある特定の種がはびこるのは、そこに人の手が入っていない証拠であり、そのアンコントロール状態が、美しくないということなのだけれど。

かくいう山の家の庭も、現在、アンコントロール状態になっている。原因はクラウンベッチ！

つる性の植物でレンゲに似た可憐なピンクの花が咲く。数年前に二株ほど植えただけなのに、今やほかの植物を覆う勢いで繁茂している。特に梅雨頃の生長の勢いはすさまじく、六月中旬に三週間ぶりに訪れたら、なんと庭はクラウンベッチの海になっていて、ほかの植物が溺れかけていた。すぐに「クラウンベッチバスター」となって、とりあえず、息も絶え絶えのハマナスのピンクの花を救出した。

ネットで調べると、「庭に植えてはいけない、増えすぎて困る植物六種」の一つに挙げられているではないか！　植える前に知りたかったな。暑さや寒さに強く、土質を選ばないので、雑草よけにヨーロッパから輸入された品種らしい。地下茎で広がるので、こっちを退治してほっとしていると、もうあっちで「ウフフ」と笑って顔を出している。雑草よけどころか、あなたが雑草みたいになっているじゃない……。

今年はクラウンベッチと同じくらいヒメジョオンの勢いも凄い。ヒメジョオンのことを私たちは小さい時「貧乏草」と呼んでいた。調べてみたら、「きれいに手入れされた庭には生えず、手入れが行き届かない貧乏な人の周囲に生えるから」ということだ。それがオルレアホワイトレースの間に入り込んで「私も仲間ですが何か？」というような顔をして澄ましている。

オルレアホワイトレース、名前だけでもすてきな花だと想像できるでしょう？　深窓の令嬢みたいな清楚な白い花を咲かせるので、一面がオルレアになったらいいなと思って増やそうとしているのだが、ヒメジョオンも一緒になって増えている。「オルレアさんの横に居れば抜かれないだろう作戦」らしい。ヒメジョオンだけなら草刈り機でパアーっと刈るけれど、オルレアと混じって咲いているので、一本一本抜くしかなくて、とても手が回らないでいる。

ヒメジョオンも最初は観賞用として輸入されたらしい。それがはびこって在来種を脅かすようになって、雑草扱いされるようになったということだから、もしかしたらオルレアもこのまま増えたら雑草扱いされるようになるのかもしれないな。

園芸種でもいわゆる雑草でも、一つ一つの花をよく見ればどれも小さくて可愛らしい。神様はどの植物も同等に愛して、どの花にも美しい造形をプレゼントしてくれた。だから、あっちはよくてこっちは抜く、というのは私のわがままでしかない。とは思うけれど、

「境」を見極めて手を入れ続けていかないと、庭は美しさをなくしていく。著名な園芸家のポール・スミザーさんも、庭づくりで大切なことは何かと問われて、「美しいこと」と答えていた。美しいかどうかの基準は人によって違うだろうから、選別の対象もきっと異なる。とすれば、多分、「手を入れる」という行為そのものが、「美しい」ということなのではないだろうか。

さて、当面の対戦相手はクラウンベッチ！

お医者さんの助言をスルーして、戦いはしばらく続きそうです。

第十六話　お盆

　昨年、ある会社が行った調査の結果を見て愕然とした。十五歳から二十九歳の若者を対象にした「お盆に対する意識・実態調査」である。お盆に関する単語の中で「知っているものはない」と回答した若者は、実に34・9％もいたという。日本全国お盆の習慣は薄れているのか。

　知っていると答えた若者の複数回答における認知度トップは「盆踊り」(48・9％)。「迎え火・送り火」のように先祖供養を表す単語の認知度は28・5％だった。もはや「お盆休み」は単なる休暇の一つであり、旅行やレジャーを楽しむ期間と思われているらしい。時代が変わっても地域によってはお盆の風習が生きているのだろうが、一般的には、私にとって当たり前のことが、いつのまにかレガシー的になっているのかもしれないな。昭和三十年代のことだもの。もう大昔だ。

　でも、ならば書き残しておかなければ！

　私は東京生まれ東京育ちだが、父の生家である信州の山の中の家で夏休みを過ごすことが恒例だった(第八話参照)。母と私たちきょうだい四人は一学期終業式の次の日から、二学期の始業式直前まで、山の中で過ごし、父と父の兄弟家族が八月十三日の迎え盆から十六日の送り盆まで合流。この四日間は総勢二十名を超える親戚が寝泊まりしていたので、長男の嫁である母はさぞ大変だったろうと思うが、子どもだった私には楽しかった記憶しかない。

十二日には村の人が萱（ススキの茎）で編んだ敷物やお花を持ってきてくださる。それを敷いてお花を飾って盆棚を作る。器用な叔父がキュウリとナスに萱の足を付け、トウモロコシの髭で尻尾を付ける。キュウリは「ご先祖様、早く戻ってきてくださいね」という意味の「馬」に、ナスは「どうぞゆっくりあの世にお帰りください」という意味の「牛」に見立てられる。茹でた素麺を背中に垂らしてタズナに見立てたら完成である。叔父の作業が見事で、子どもたちはずっとそれを見守っていた。

そしていよいよ迎え盆の夕方、向かいの山の上のお墓までご先祖様を迎えに行くのだ。子どもの足で四十分くらいの山道だったろうか。ススキの穂を麓の川原で一本刈り、それでお墓をなでて帰ってくる。穂の上にご先祖様が乗ってくださるので、決して家までの道中、後ろを振り向いてはいけない、振り向くとご先祖様たちがお墓に帰ってしまうと聞かされていたので、登りはワイワイ、下りはシズシズと緊張して歩いたものだった。無事にススキを盆棚に横たえると、なんだか急に家の中の「質量」が変わった気がしたものだった。目には見えないけれど、確かに。

日が暮れかかると、もう一人の叔父が軒先で迎え火を焚く。東京のお盆の迎え火は麻の茎を乾かした「おがら」を焚くようだが、信州では白樺の表皮をくるくる巻いたものを三つ並べて火を点ける。私は子ども心に、お墓まで直接お迎えに行ったのに、なんで迎え火を焚くのかが不思議でならなかった。迷子の先祖でもいたのかな。

十四日は夕方になると大人はお新盆の家にお参りに行く。子どもはスイカやトウモロコシを食べ続け、遊びほうける。十五日の記憶は定かでないが、やっぱり子どもは遊びほうける。熱くなったアスファルトの上をどのくらい我慢して裸足で歩けるか。こんなことも遊びだった。十六日は朝のうちに萱の敷物にススキとお供物を入れてクルクルと丸め、お米と水をもってお墓へご先祖様を送っていく。叔父さんたちが盆棚を片付けると、お盆はおしまい。親戚は東京に戻り、私たちだけがその後も十日ほど山で過ごして東京に帰る。特急あずさが八王子に着いてドアが開いた瞬間、街の暑苦しい空気が私を取り囲み、「あーあ、今年の夏休みも終わってしまった」と思ったものだった。

時は流れ、迎え火を焚く係だった叔父以外は、みんな鬼籍に入ってしまった。

コロナ禍ということもあり、昨年のお盆は私と姉の家族四人だけでひっそり過ごした。記憶を頼りに盆棚を作り、叔父の作業を真似て馬と牛を作る。祖母の写真や両親の写真を並べた前にそれを置きながら、私と姉は昔話しに花を咲かせていた。昔は賑やかかっだったね。十三日の夜は二十数人分の天ぷらを揚げ続けて大変だったね。おばあちゃんはちょっと厳しくて、悪いことをするとお蔵に入れると言われたし、実際、いとこのH君はよく入れられていたね、とか。

姉の五歳の孫が近くで遊んでいたが、それを聞いているとは思わなかった。背伸びをして、何かごそごそと盆棚に手を伸ばしている。棚の上にはお供物もたくさん載っているし、お線香も焚いているので慌てて止めようとして彼の意図がわかり、私と姉は大笑いした。

彼は、なんと、牛と馬を入れ替えようとしていたのだ。

私たちは何の意図もなくキュウリとナスを飾ったので、たまたま、祖母の写真の前に牛、母の写真の前に馬が置かれていた。彼は「厳しかった」と私たちが話していたのを聞いていたらしく、祖母の前にキュウリの馬を置き直していたのである。もちろん、彼にはとっては会ったこともない曾祖母。だけれど、お蔵に入れられたら大変だと思ったのだろう。キュウリの馬に乗って、早くあの世に帰ってほしかったのね。

子どもの頭の中はいつもくるくる回っていて、おもしろい。

私も五歳だった時、お盆に集まる親族や目には見えないご先祖様と暮らしながら、大人の作業を食い入るように見たり、自分にもできるお手伝いをしたり、頭をくるくるくるくる回しながら、なんて楽しいんだろう、ずっとお盆が続くといいなと思っていたっけな。

お盆休みには「つながる」ことの大切さの経験がいっぱい詰まっていた。単なる夏の休暇にしてしまうのはもったいない。

第十七話　信州の古い家のお話

父の生家である信州の家は、築年数が百年以上という梁の太い古民家である。大戸（おおど）を入ると通り土間が裏口まで続き、私が幼児の頃は土間の左手の空間でヤギを飼っていた。大正生まれの父が子ども時代には馬を飼っていたそうだ。農業が生業ではなかった家だが田畑・山林があり、馬は農耕に欠かせなかったという。馬もヤギも犬も、家畜は人の暮らしに実際に役立つ大切なパートナーだったから、一緒に暮らすのは当たり前だったのだと思う。

土間の右側には上がり框（あがりがまち）。現代の玄関とは違って、上がり框の高さは六十センチほどもあり、ウンショという感じで上がる。祖母が健在だった頃、上がり框と大黒柱はいつもピカピカに磨き上げられていた。

若い方は「大戸」とか「上がり框」とか「大黒柱」とか言われてもピンとこないだろうね。

座敷に上がると左手奥に台所があり、食事をするスペースの一角には囲炉裏が切ってある。今は使っていないが、子どもの頃は簡単な煮炊きは囲炉裏で行われていて、土間の一角に置かれた木箱には焚き付け用の乾燥した松葉が入っていた。この松葉は「ゴミ」と呼ばれていた。裏山に篭を背負って「ゴミ」集めに行くのは、子どもたちの仕事だったという。

『写真で綴る昭和三十年代 農山村の暮らし ― 高度成長以前の日本の原風景』（農山漁村文化協会、２００３）という写真集がある。信州のお百姓さんであるアマチュアカメラマンの武藤盈さんが撮ったもので、高度成長期以前の農村の風景や暮らしぶりを写した貴重な写真の数々。武藤さんはいつも背負子にカメラを入れて野良仕事に出ていたという。

その中に、中学生くらいの男の子数名が、山道で談笑している一枚がある。全員腰に斧を下げ、背中に山ほどの薪を背負っている。光の加減から、登校前の風景なのではないかと推測する。自然の厳しい山の中の暮らしにおいて、子どもは貴重な労働力だった。今だったら、中学生が斧を下げていたら大騒ぎだし、登校前に薪作りをしていたら「ヤングケアラー」と呼ばれてしまうな。私にはとても懐かしい信州の風景だけれど、もう暮らしぶりも、時間も、空間も、人とのつながりも、何もかもが遠い過去や失われた風景になってしまった。

写真集が刊行された時、武藤さんは九十歳を超えていたと聞いている。友人のＫさんが、つてがあってサインをもらってきてくれたのだが、お名前の横に、大きく「残照」と添えられていた。夕日が落ちても雲などに照り映える一瞬の光が残照。過酷な労働の合間に、趣味の写真を撮り続け、それが人生の賜物のように一冊の本として晩年に残る。まさに残照。

武藤さんの生き様を想い、二文字が胸にずんと響いた。

話を家のことに戻そう……。

家の造りは単純で、大きな空間が襖や帯戸で六つに区切られているだけ。全部開け放てば、五十畳以上の広さになる。「押し入れ」がどの部屋にもなく、子ども心に、洋服や個人の持ち物はどこにどうしまっていたのだろうと不思議でならなかった。

先祖は農家ではなかったのでしていなかったが、私が子どもの頃は村の多くの家は季節になると養蚕にも取り組んでいて、襖を取っ払って蚕棚が作られていたことを覚えている。

今ではどの家も建て直し、田舎家のまま維持されているのは父の生家だけになってしまった。

時代劇に出てくるような立派なものではないけれど、庭にはお蔵が建っている。村のどの家にもある。昔は（今もだが）火事に見舞われるのがいちばん怖かっただろう。土壁は耐火構造に優れているので、大切なものは全部お蔵にしまわれていた。お蔵は真ん中で仕切られていて、入口が二つあり、両方に立派な筆文字で「水」と書かれている。火除けのおまじないだろうか。曾祖父が、戦時中、白い壁は敵の標的になるかもしれないと、炭を壁全体になすりつけたということで、我が家のお蔵の壁は中途半端な薄炭色になっている。そのせいでハードルが下がったのか、「水」という立派な字の横に、炭で「木」とだれかがいたずら書き。いたずらっ子がだれかはいまだ不明である。

そんな外扉は分厚い土壁を漆喰で仕上げられていて、とても重い。それを開けると鉄で覆われた中扉があり、もっと重い。中扉には鍵がかかっている。鍵はそれこそ時代劇に出てきそうな鉄製の鉤の手状のもので、中扉の穴に差し込み、ググっと引き上げながら動かすと開く仕掛けになっていた。南側の扉の鍵には「ミ」、北側の扉の鍵には「キ」と刻まれていた。鍵は家長が座る席の後ろの棚にしまわれていて、子どもはそれに触ることも許されていなかった。お蔵は特別な場所、それに、お蔵の前の階段は御影石でできていて、とてもヒンヤリと気持ちよく、私と姉のままごとの場だったから大好きな場所だった。「悪いことをしたら入れられる」という伝説の場所でもあった。

お蔵の中に何が入っていたかといえば、「お宝鑑定団」に出せるような骨董品はあまりなくて、「キ」のほうには農作業の道具、「ミ」のほうの一階には、日頃使わない食器や寝具などの生活用品が収まっていた。私たち家族が東京から夏にやってくると、お蔵から布団を出して干す。扉を開けた時に感じたヒンヤリした空気感や匂いを今も忘れない。子どもたちは前の年にも読んだ漫画やおもちゃを出し、ひと夏それで遊び、夏の終わりに「また来年ね」としまう場所だった。

二階は暗くて怖くて上がったことがなかった。だから、何がそこにあるのかは知らなかった。勇気を出して階段の途中から背伸びして覗き込むと、暗がりに藤製のレトロな揺り籠、行李、蓄音機、大きくて立派な長持等が見えた。

父が逝去した後に家を引き継いだ姉が、昨春、古物商の資格をもっている知人のBさんにお蔵の片付けをお願いした。もしかしたら暗がりの中に価値あるものが眠っているかもしれないから、よく見てくださいね。いらないものは処分して、骨董品があったら夏に来た時に見ますから残しておいてくださいね。そんなお願い。

そうしたところ、Bさんから、長持の中から「刀が三本出てきた」という連絡があったのである。それは大変だ！　そして、その後も大変だった！

出てきた刀の顛末は次のお楽しみに。

第十八話　刀の顛末

今月は信州の家のお蔵の中で発見された刀の顛末。

発見してくださった古物商のBさんと一緒にお蔵に入り、恐る恐る長持ちを開けると、古びた布に包まれた日本刀が三本横たわっていた。Bさんがそのうちの一本を取り出して鞘から刀を抜いてみる。薄暗いお蔵の中で刃があらわになった瞬間、これは人を傷つけることが目的の物体なのだということが実感されて、背筋がぞわっとした。三本のうちの一本は、座頭市がもっているような杖の中が刀になっている「仕込み刀」だったのが、より怖い。

ご先祖様はなんのために刀を手に入れて、お蔵に保管していたのだろうか。もしかしたら軍人だった父の軍刀なのかなとも思った。

私と姉はBさんがそのまま骨董品として引き取ってくれればよいと安易に考えていたが、ことはそう簡単ではなかった。まず、刀を見つけてしまったその時点で、私たちは刀剣類を許可なく所持していることになってしまい、「銃刀法違反」で処罰の対象になるらしい。わあ、それは大変！

まず、警察に届けなくてはならないという。そしてその後、しかるべき審査を受けて、それが正真正銘の刀剣であると鑑定されると「登録証」が発行される。その登録証がある刀剣だけが所持してよいことになり、骨董品として売買の対象としてもよいことになるのだという。もし、審査の結果模造品だとわかると、警察に届けて処分してもらわなければならない。ということがわかった。

わあ、それは大変！　と、私と姉はすぐに刀を車に積み込んで、地元の警察署に駆け込んだ。

その日は日曜日だったので、警察署は閑散としていた。当番の女性のお巡りさん二人が対応してくださり、よくテレビドラマで犯人が取り調べを受けるような狭い部屋に通された。これもよくドラマの中の警察署で見るスチール製の事務机の向こうに座ったお巡りさんは、刀を抜くと、慎重に柄を外し、一本一本の刃渡りをメジャーで測っては調書（？）に書き込んでいく。小一時間、私たちは傍らで神妙にしていた。書類を書いていた若い方のお巡りさんが、ベテランらしきお巡りさんに「これでよいでありますか」みたいに指導を仰いでいらして、私は、初めは緊張してドキドキしていたけれど、「なんだかドラマみたい」と、気分がおもしろくなっていく。

お巡りさんは、この場で処分してほしければ置いていくことも可能、それとも持ち帰るか。持ち帰るならば、仮の許可書を出すので持って帰っていいけれど、不法所持にかわりないので時間を置かずに教育委員会主催の登録審査を受けるように、と言われた。私たちは刀の正体を知りたいと考えたので、「東京に持ち帰り、東京で審査を受けます」と答えて、無事に「釈放」された。

刀剣の審査会は教育委員会の管轄とは。この数時間の出来事は初めて知ることの連続だった。なんだって知らないことを見たり聞いたり知ったりすることはおもしろい。

車の中に刀を積んでいる、と思うと、ハンドルをもつ手が慎重になるものです。どこかでお巡りさんに呼び止められて、「この積み荷はなんですか？」と問われたらどうしよう。あるいは悪い人に車を止められて路上で奪われたら大変だ！　と妄想が広がる。そんなドキドキの一か月を過ごし、中身が刀だとは想像つかないようにピンクの花柄のテーブルクロスでそれらを包み、いざ、東京都教育委員会主催の「東京都銃砲刀剣登録審査会場」へ！

これまでも東京都庁には会議で何回も出入りしてきた。いつもは正面玄関から入るけれど、月に一回のその審査会はとてもわかりにくい通用口が入口に指定されていた。休日で正面玄関が閉まっているからだとは思うけれど、刀や銃をもった人たちが集まるわけだからね。こっそりひっそり入ってきてほしいのかもね、と妄想すると楽しくなる。

会場に入って驚いた。審査会は予約制で、指定された時間には既に三十人くらいの人が集まっていた。私たちは花柄のテーブルクロスで包んできたけれど、ある人はゴルフバックを抱え、ある人は釣りの道具入れを担いでいる。どれも中に刀が入っているのだ。槍か長刀なのか長い物体を上手に風呂敷で包んでいる人もいる。みんな自宅から新宿まで、「私は今、刀なんて持っていませんよ」的な感じでブツを運ぶために苦労してきたのだと思うと、連帯感さえ生まれる。

日本全国で、私たちと同様に、お盆に帰省した折にお蔵を整理したら刀が出てきてしまって狼狽える、という状況が起きていることがわかった。


審査員の先生は二人ずつ三つのテーブルに分かれていて、空いたテーブルに呼ばれるシステム。順番を待ちながら様子をうかがっていると、審査しながら談笑しているチームもあるが、右端のテーブルの先生はむすっとしていて怖そう。「あそこに呼ばれたら嫌だね」と姉と内緒話をしていたら、案の定、そこに呼ばれてしまった！

先生は丁寧に柄を外し、刀を上から下から横から厳しい目で鑑定。しかめっ面で一言も発しない。私たちも息を詰めていたけれど、ひと段落した様子を見計らって、恐る恐る「これは軍刀ですか？」と尋ねてみた。すると、意外に優しい口調で、鑑定の具合を説明してくださった。

軍刀ではなく室町時代の刀であること、一本は銘が入ったいい刀、一本は大したものではないけれども本物、最後の仕込み杖は厄介な代物で、鞘を作り直さないと鑑定もできないということ等を丁寧に話してくださった。人を見かけで判断してはいけないと反省。帰宅後ネットで調べたら、この先生は業界では著名な刀剣の研究家であり砥ぎ師で、海外でも刀剣について講演していることがわかった。

それにしても五百年も前の刀がなぜお蔵にあったのか。鑑賞用だったのか、護身用だったのか。ご先祖の気持ちをいろいろと妄想してみる。

その後、三本の刀はBさんに託され、無事に骨董市に並んで残らず人の手に渡った。これが妄想だらけの刀の顛末。家の中に刀があるだけでぞくっとする気分を一か月味わっていた私には、刀剣を欲しがる人の気持ちは全くわかりません。

第十九話　おばあさんは、乗れません

授業のない毎金曜日を保育現場に出向く日に充てている。年間で延べ四十回弱。保育現場に身を置くと、大学にいるよりもホッとし、自分のルーツが保育現場にあり、すべての思考の起点がそこにあることを実感する。何より錆びつき始めている好奇心が、子どもと出会うとむくむく元気を取り戻す。

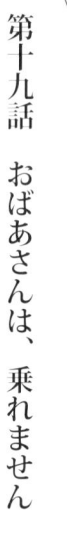

園内研の講師を頼まれて定期的に訪れる園もあれば、単発で伺う園もあるのだが、いずれにしろ保育現場に赴く時に自分に課していることがある。それは、「心を青空のようにしていこう」というものだ。曇りのない気持ちの良い青空をイメージすると、目に入ってくるものがすっと心に届く気がする。

その日は、遊びの充実のために園内環境を見直したいので手伝ってほしいという要請で、あるこども園を訪れていた。三歳児の担任の先生が、子どもたちの遊びが長続きしないと悩んでおられたので、室内で遊ぶ子どもの様子を一緒に見ていた。雨天だったので、室内でも身体を動かして遊べるようにと部屋の一角に小さなアスレチックが巧技台で作られている。一見よく動いているようだが、すぐに飽きて離れる子どももいる。その傍らで、一人の男の子が梯子をバスに見立てて、「次は○○でーす」と呟いている。私は担任の先生に、「こういうイメージのある遊びがほかの子どもに伝わると、何か始まるかもしれませんね」「かかわって様子を探ってみましょうか」と言って、「運転手さん、乗せてください」と言ってみた。するとその男の子は「おばあさんは乗れません」と拒否したではないか!!

オバアサンテ、ワタシノコト? ハア?

子どもたちは訪問者に敏感で、だれなのか、どこから来たのか、何をしに来たのか、とよく尋ねてくる。見知らぬ人が一日園内をうろうろしているのだから、子どもにとっては珍しくもあるし、目障りでもあろう。だからできるだけ日常を壊さないように存在を小さくして身を置くようにしているだが、同じ空間にいれば、昨日までの環境と微妙にずれが生じるのは当たり前だ。訪問者に違和感をもつことは、園が子どもにとって「安心の城」になっている証拠でもある。先月訪れた幼稚園の五歳の女の子は、私の前に立って、「何のお役に立つ人ですか?」と聞いてきた。キリスト教主義の園だから、常日頃、「神様のお役に立ちましょう」と言われているのかもしれない。「エエト……」と口ごもり、「先生たちのお役に立てるかもしれません……」と答えると、「ふーん」と自分の遊びに戻っていった。

私は背が高く髪がショートカット、顔が直線でできているせいで、「だれのパパ?」と聞かれることも多く、それは慣れっこ。「パパじゃなくてオバサンだけどね」と軽く受け流す。二年ほど前に初めて「だれのおばあちゃん?」と聞かれた時はグサッときたけれど、園児のおばあ様たちの年齢は私よりも若いはずで、今時のおばあ様方は見た目も溌剌とされているので、これも仕方がないと聞き流した。だけど、今回の「おばあさんは乗れません」は、結構、響いた。

ちょっと抵抗して「おばあさんだから足が痛いのでバスに乗りたいんですが」と言ってみたが、彼は「お姉さんしか乗れません」とダメ押し。つまり、「見知らぬおばあさんにかかわってほしくない。僕がお客さんになってほしいのは、大好きな担任の○○先生!」と言いたかったのだろう。自分は保育現場で楽に息をし、自然に振舞えているつもりだったけれど、実際に高齢者と呼ばれる年になり、現場を離れてからも長い年月が経ち、自己認識を改めなければならないことを突き付けられた。


そんな気分の時に『エルマーのぼうけん』を手に取ったものだから、もう「老いを哀しむ物語」のようにしか読めないではありませんか。そもそも物語の発端はエルマーが港で出会った老いた猫の話だし、エルマーが次々出会う動物が抱えるトラブルは、どれも現在の自分の身の上に起きていることと同じなのだ。

乾燥肌になってきたのか、年をとると無性にカユイよね、ゴリラさん。そうそう、髪に艶がなくなって、ぼさぼさになっちゃうのよね、私も同じ、ライオンさん。サイさん、私の歯も磨いても磨いても昔のように真白にならないの、気持ちわかるよ、という具合。最後は判断力も衰えた私が、ワニの背中の上で、アタフタ狼狽える。頭上には希望にあふれたエルマーがリュウの背中に乗って未来を目指して飛んでいく……。ああ、置いていかないでエルマーさあ～ん……って。そんなふうに読めてしまう人、私のほかにもいらっしゃいますか？

「人生下り坂最高」と言いながら、七十歳過ぎの俳優さんが自転車に乗って日本全国を旅する番組が放映されているけれど、私は「最高」と思えるまでに、もう少し時間がかかりそうです。

第二十話　どうする！　カラマツ

「樹を伐ると物事が動く、と昔の人はよく言ったもんだよ」と、集落にお住いのTさんがおっしゃった。

戦後、集落では畑だった土地にたくさんのカラマツを植林したのだという。そのカラマツ林のほんの一部を手に入れて、ログハウスを建てさせてもらったのが二十五年前。家の周りはカラマツだらけで、春先には手を延ばせばすぐに隣の土地のカラマツの新芽に届きそうだったし、秋には針葉樹の小さな葉がキラキラと雨降るがごとく我が家に降り注いだ。それはとても美しい光景なのだが、良いことばかりではなかった。雨樋がすぐにカラマツの葉で詰まったし、庭にも厚く積もるので、春の庭づくりの頃にはそれらを取り除かなければならなかった。

広葉樹の葉は良い腐葉土になるが、針葉樹の葉、中でも特にカラマツの葉には植物の生長を阻害する物質が含まれているらしく、腐葉土には適さない。水分を含んで固まったまま庭全体を覆う「カラマツの落葉カバー」を全部はがさなければならず、それはそれは大変な作業だった。それに、風が強い日の怖かったこと。二十メートルを超えるカラマツたちが揺れて大騒ぎをする。小さな枝がこすれ合ってキーキー鳴るので、怖くて寝ていられないのだった。

それで隣の地主さんに、近接する七〜八本ほどを伐らせてもらえないかとお願いしたところ、快くお許しくださった。ところが、頼んだ業者さんが大胆で、「ええい、これも細くて危ないから伐っちゃえ」という感じで、アレヨアレヨという間に、頼んでもいないのに三十本近くも伐ってしまったのだ。私は素人で無知だった。業者は樹が（そう高価ではないとはいえ）売れるので、たくさん伐りたかったのだろう。これには地主さんも呆れて、だったら土地を全部買いとって欲しいということになっちゃった。私は慎ましく、ささやかに、細々と山の暮らしを楽しみたかっただけだったのに……。Hさんのおっしゃった通り、樹を伐ったことで意外な方向に物事が動いちゃった。

結局、庭の世話だけでも一人では大変になりつつあるというのに、カラマツの林も面倒を見ることになってしまった。


囲まれている時にはあまり感じなかったのだが、三十本近く伐ったことで家と林の間に空間が生まれてみると、林の一番外側、つまり家から一番近いカラマツがやけに高い。三十メートルは超えるだろう。陽が当たるようになって、元気がモリモリになったようにも見える。集落の皆さんは親切心でいろいろ言い残していかれる。「カラマツの根は深く張っていないでね、根こそぎ倒れるぞ」とか、「倒れたら屋根を直撃するな」とか、「この樹には表皮にコケが生えているから弱っとるぞ」とか。うーん、私はまたカラマツを伐るのか？　一本伐ったら、また次の一本がすくすく育ってしまうだろう。カラマツは全部で五十本、どこまで伐ればよいのか？　どうする！　カラマツ。

思いあぐねて、専門家に診断してもらうことにした。

お願いしたのは信州で林業を営むKさん。三十九歳。長野県の県立高校で教師をしていた従兄の教え子で、以前から面識はあった。国立大学の大学院で自然環境の研究をしていらして、研究職に就いてもよかったのに、周囲の反対を押し切って林業の現場に飛び込んだ方だ。大学院時代に出会った林業家がみんないい顔をしていたので、これはいい仕事なんだと思ったのだという。Kさん自身もとてもいい顔をしている。「いい顔」というのは、言葉で表現しきれないのだけれど、具体的に挙げるとすれば、眼差しに曇りがなくて、笑顔が「スカっ」としている感じ。

Kさんは丁寧にカラマツ一本一本の診察をしてくださった。そして、知らなかったことをたくさん教えてくださった。コケが生えている樹よりも、むしろ幹が二股に分かれているものや、キノコが生えているもののほうが弱っている場合が多いこと、土地がもともと畑であったなら根が弱く、腐りやすいことなどなど。そしてKさんの提案は、日本人は樹を伐って生活に使い、また植えて育てるという循環した暮らしをつくってきたのだから、木材として価値があるうちにカラマツを伐り出したらどうか、そして広葉樹の林に替えていったらどうか、というものだった。

それはいい考えだ。広葉樹は春の若葉が美しく、夏には日陰をつくり、秋は紅葉、落葉したら土壌を豊かにしてくれる。Kさんの提案通り、五十本全部伐ってしまおうか。と、ここでまた私の心の中の「弱虫」が這い出してくる。前話で「老い」への戸惑いを反省したばかりなのに。Kさんは職業柄百年単位で物事を考えるけれど、人には寿命というものがあるのだから、私が元気なうちに広葉樹の林にはならないじゃないの。やっぱりこのままにしておこうかと心が揺れる。

それでまた周囲の人に「どう思う？」と聞いてみる。ところが私の周りの人は「遠くを見つつ今を楽しむ人」だらけで、それはいい考えだと口を揃える。「大丈夫、河邉さんは長生きするから」などと気休めのような発言をする人は一人もいなくて、「二十年経ったらきっといい林になるよ。河邉さんの次の代が楽しめる」と変な励まし方をする人ばかりなのだ。人生の達人の八十五歳のNさんは、「広葉樹に植え替えるのはとてもいい。ミズナラの苗木が森の中にあったよ、引っこ抜いてこようか」と言う。

Nさん、ミズナラの苗木が大木になるのに何年かかると思ってるの！　と思うけど、そんなことを八十五歳がさらっと口にすると、自分が生きている時間のうちに何でもかんでもいいようにしようと思う了見がいかにも狭いことに気付かされる。

二十年経ったら八十五歳か。まさにNさんの年齢だ。ならば大丈夫かもしれないなと思い直す。「遠い先」が、生きて目の前に、しかも軽やかに存在していることのなんと心強いことでしょう。

それでも覚悟が弱い私は思いきれず、「二十年後」と「今」の折衷案として、この冬、五十本中二十五本のカラマツを伐ってもらうことにした。

林はスッカスカになるだろうな。そこに春になったら何の苗木を植えようかと思案中。

第二十一話　ハカ

今年もとうとう残すところ十日を切ってしまった。仕事に追いかけられる生活習慣が今年も修正できず、一つ一つこなしているうちにあっと言う間に一年が過ぎた。私だけでなく、友だちもみんな年々一年が早いと言っている。皆さんの感じ方はいかがですか？

あまりに忙しすぎたけれど、楽しいこともたくさんあった。といっても、それは何かと尋ねられても困るほどのささやかなことだけなのだけど。例えば、昨年は十輪しか咲かなかった四年目の桜の樹に、今年は無数の花がついたこと、生まれて初めて藪の中でヒナが巣立った後の鳥の巣を見つけたこと、学生とぐうたら村で畑作業をしていた時に初雪が降ってきて、あまりの寒さに笑いがこみ上げてきたこと、その時に畑で飲んだホットココアの美味しかったこと等々。

この頃、このように景色を見て美しいと思ったり、何かで心が揺さぶられたりした時は、わざわざ声に出して「美しい！」とか、「すごい！」と言うようにしている。一人の時でも声に出す。この世の美しさを自分の細胞に刻み込ませようという作戦だ。

「わあーっ」という声が出るのは大概自然の美しさに出会った時だけれど、今年は何回スポーツのテレビ観戦で「わあーっ」という歓声を上げたことだろう。春先には野球のWBC、秋にはラグビーのワールドカップフランス大会、その後もバスケットボールのワールドカップや阪神タイガースの優勝などもあり、例年以上に日本中がスポーツで盛り上がったのではないか。

そのことが好きで好きでたまらない人々が、自分の身体と心を鍛えあげて、その一瞬に全エネルギーを放出するのだから、人知を超えた物語が生まれないはずはない。勝利の瞬間の雄たけびや破顔や涙。花の数を数えてニマーっと笑うことはあっても、私の日常にあんな全力で笑ったり、泣いたりすることなんてないから、観ているだけで心地よい。

スポーツを観るといってもいつもテレビを通してなのだが、二〇一九年秋に日本で開催されたラグビーのワールドカップ日本大会で、初めて生の国際試合を観戦する機会を得た。知人のおかげでラッキーなことにラグビーファンなら垂涎の【ニュージーランド×南アフリカ戦】のチケットを手に入れることができて、大興奮の一夜を過ごしたのだった。翌年の一月から新型コロナウイルスが蔓延するとは思いもしない、行動制限がかかる僅か五か月前のことだった。

若い頃に『オフサイドはなぜ反則か』（中村敏雄著）という書籍を読んでから、前に進まなければ勝てないのに、ボールは後ろに回さなければならないというオフサイドルールをもつラグビーというスポーツの矛盾に興味があった。けれど、この日の第一の目的は「ハカ」を生で見ることだった。「ハカ」は先住民族であるマオリの伝統舞踊で、試合前にニュージーランド代表オールブラックスが行う儀式として有名だ。大地や先祖、相手に敬意を表し、自分たちを鼓舞する儀式だと教えてもらった。

数年前にニュージーランドを訪れた時、マオリの文化体験施設で観光客向けのハカの「演技」を見学したことがあった。言葉はわからないけれど、迫力があって心をもっていかれた。その旅の帰りの空港でのこと。出発口の前に立っていた男性が、突然一人でハカを始めたのだ。ウォークライがロビーに響き渡り、通行人はみんな足を止めて遠巻きに彼を見つめていた。大切な人の大切な旅立ちに、搭乗口に向かってエールを送っていたのかもしれない。その温かく、力強いハカの光景が忘れられず、心ではなく魂をもっていかれた気がした。だから、いつか、真のハカをもう一度この目でみたいと思っていたのだ。

さあ、いよいよ試合前のハカが始まる。大観衆が一瞬静まり返る。

ところが、なんとハカが始まった途端、周りの人々が立ち上がり大声で南アフリカ国歌（らしい）を歌い始めたではありませんか。実は、私の席は南アフリカ大応援団の真っただ中だったのだ。試合前からビールをガブガブ飲んでいた巨体のおじさんたちが歌う国歌にかき消され、オールブラックスの渾身のウォークライは、全く聞こえず見えずでした！　残念!!　そうよね、スタンドだってグランドの選手と一体となって、もう戦いは始まっているのよね。

その試合は結局、今年のワールドカップの決勝のように南アフリカが勝利したのだが、南アフリカの皆さんは、すぐ近くのニュージーランド人の肩を抱いて慰めたり、ビールをおごったりしていて、スタンドでも気持ちのよいノーサイドが繰り広げられていたのだった。

マオリ語で「ハ」は呼吸、「カ」は「喚起する」とか「火をつける」という意味らしい。楽しいことがあった時に、自分の細胞にいいことを刻み込ませようとする独り言作戦は、案外、私にとっての私のための小さなハカなのかもしれないな。

来年はもう少し呼吸を深く巡らせて、細胞にもっと元気を与えよう。そして来年は私の大学教員最後の年、旅立つ若い人を応援するハカにも一層の心を込めよう。「魂のハカ」でだれかを見送っていた空港の人のように。

第二十二話　お雑煮椀

新年早々、能登半島を襲った大地震。犠牲になられた方、被災された方に心からお見舞い申し上げます。のんきなエッセイなどを書いている場合ではありません。

今も多くの方が寒い避難所で厳しい生活を送っておられる。仕事から帰宅して冷えた体をお風呂で温めている自分が申し訳ない気持ちでいっぱいになる。といっても何かができるわけもなく、今できることは義援金をお送りすることくらいだ。

私には心強い保育者仲間がたくさんいて、東日本大震災の折には保育施設で必要な支援物資がたくさん集まり、東北の知り合いの大学の先生と連携をとりながら、要請のあった物品を送るささやかな活動をしていた。小さなものはままごと道具やブロック、大きなものでは保育ロッカーやピアノも。福島の子ども達には放射能禍で戸外の自然物にかかわって遊ぶことができなかったので、ドングリやマツボックリなど、秋の自然物を段ボールいっぱいに詰めて何箱も送らせていただいた。輸送費がかなりかかるのだが、そのための資金もすぐにたくさん集まっていた。なので、今回は手元に残っていた資金をすぐに石川県に送ることができた。「仲間」というのは本当に有難いものだ。

「能登半島で大地震」の報で真っ先に顔が浮かんだのがJさんである。Jさんは御年八十歳のご婦人で、金沢のご出身。長いこと横浜にお住まいだったそうだが、二十年前にずっと夢に見ていた自然豊かな場所での暮らしを選ばれた。Jさんの家は私の山の家から徒歩十分のところにあって、お茶をしたり、ワインをご一緒したりと、あちらに行くたびにちょくちょく楽しい時間を共に過ごさせていただいている。

これまでこのエッセイで紹介してきた「人生の達人」さんたちは全て男性だったけれど、Jさんにもいつか登場していただきたいと思っていた。何が達人かというと、生活を美しく楽しむ「暮らしの達人」だ。手仕事の好きなJさんは、好きな音楽をかけながらチクチクチク縫物をする。それはテーブルクロスにこぼれたワインの染み隠しのパッチワークだったり、余りの布切れを合わせて作る世界で一つだけのひざ掛けだったり。色彩センスが日本人離れしていて、そんな手作り品や、どこでみつけてきたの？　と聞きたくなるようなおしゃれな雑貨が、観葉植物が溢れる室内にさりげなく置かれていて、「コノヒト、タダモノデハナイ」と思わせる生活センスなのだ。

お料理もお上手で、食卓に並ぶ食器がこれまたどれも素敵。どこでみつけてきたの？と聞きたくなるような洋食器、高価そうな骨董品の和食器、そして漆塗りの器。Jさんのご実家は金沢の旧家で、食器類を見ただけで、格式のある家でお育ちになったのだろうと想像がつく。

Jさんの九十歳になるお姉様が金沢市内にお住まいだから、きっとJさんは心配しておられるだろうと思い、すぐにラインで連絡をとってみた。市内は被害が少なかったということで、お姉様のご無事は確認できたということだが、故郷を見舞った大災害に心が塞ぎ、夜も眠れず、涙が自然にこぼれるとのこと。一緒に食事でもして元気づけよう。翌日、車を飛ばしてJさんを訪ねた。

Jさんはいつものように明るく私を迎えてくださり、その夜私たちは二人で一本半ものワインを開けた。Jさんは久しぶりに楽しい夜だったと言ってくださった。故郷を想ってだろうか。その夜、テーブルの上には、数々の輪島塗のお椀やお皿が並んでいた。

この年になると欲しい物は殆どないけれど、一つだけずっと探しているものがある。それはお雑煮椀。清々しい元旦に、漆のお椀で新年最初のお食事であるお雑煮をいただいたら、どんなに背筋が伸びるだろうか。お気に入りを探してネットサーフィンを幾度となく繰り返してきたが、いいと思うものはお値段もよくて購入を躊躇していた。輪島塗もしかり。

この度の地震で能登半島にある輪島塗の多くの工房は火事で焼け落ちてしまったという。命より大切なものはないけれど、職人さんにとって大事な道具を失うことはどんなに辛いことだろうか。しかも、目に見える物の消失だけでなく、それは職人技や伝統文化という無形の価値の存続を脅かすことにもなるのだ。

Jさんはおっしゃった。ひどい災害で多くの命や平穏な生活が失われたけれど、北陸の人達はきっと元気を取り戻す。義援金も大切だけれど、地元の産業が復興するように彼の地の物を購入するのも支援の一つよ。

震災から十日ほどたった朝の新聞に、焼け跡から漆塗りのヘラを発見し、再建を誓ったという職人さんの記事が載っていた。

そうしよう。来年のお正月までに、輪島塗のお雑煮椀をきっともとめよう。

第二十三話　五十年後への一歩

いよいよ林の伐採が始まりました。

作業をしてくださるのは第二十話に登場していただいた信州にある「金井山素材」という会社とそのお仲間の職人さんたち七名。山の家は標高が千メートルを超えるところにあるので、真冬は最高気温でも零下の日が続く。極寒の中の作業で申し訳ないと思うけれど、葉が落ちている真冬がベストシーズンというのだから、申し訳ないけれど仕方がない。林業とはなんと過酷なお仕事だろう。

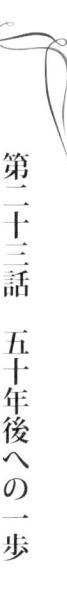

伐るのはカラマツ二十五本、クリ九本、アカマツ一本。間に立っている四本の広葉樹を生かすために、信じられないような手法で作業が進められた。

これまでも何回か伐採の作業を見たことがある。倒す側の根本近くにチェーンソーで深く切り込みを入れ、倒す側と反対側にくさびを打ち込むと、ドーンと樹が倒れる。その瞬間の地響きは、単に樹の重さによるものというより、何十年もそこに根をはって生きてきた「誇り」が起こす命の音のように聞こえて、お腹の底にズーンと響く。今回の伐採も倒れる瞬間の荘厳さは変わらなかったのだけれど、その作業手順が実に樹木に対して丁寧だったので、倒れていく樹に祈りにも似た感情がこみ上げてきた。

まず樹のてっぺん近くにロープをくくりつけ、そのロープを手繰りながら自分の力で人が直登していくのだ。三十メートル近い高さにどうやってロープを括りつけたのかは見ていなかったのでわからない。お尋ねしたら、最初は投げ上げて引っかけるのですよ、ということだが、自分の命を預けるロープ。ただ投げ上げただけでは安定しないだろうから、スゴ技があるのだろう。

腰の辺りにつけたロープを樹にぐるりと回しているので、支点は垂直のロープを握る手と、樹木と自分の腰をつなぐロープと、足の三点にあるようだが、するすると、まるでアカゲラみたいに、しかも途中の枝を払いながらてっぺんまで登っていく。職人さんがてっぺんまでたどり着く頃には、一本の丸太がズドーンと地面から立っている状態になっている。作業から四日目に私が東京から駆け付けた時には、既にほとんどのカラマツが丸太状態になって立っていた。

職人さんはいったん樹に登ったら昼休憩まで地面に降りてこなかった。一本の樹の枝払いが終わると、隣の樹にロープをかけて引き寄せ、空中で隣の樹に飛び移るではありませんか！　まるで人間アカゲラサルトビサスケ！　その日は風が強かったので、樹のてっぺんは相当揺れているのが地上からでもわかった。降りてきた職人さんは、「軽い船酔い気分」と笑っていらした。

払われた枝は地上で待ち構えるチームが機械にかけて、どんどんチップにして林の中に敷き詰めていく。辺りはチップから立ち上がる樹の薫りが充満し、まるで集中的な森林浴。


なぜ、通常のやり方より何倍も労力と時間と注意を払っているかといえば、枝がついたまま倒すと、合間の広葉樹を枝が傷つけてしまうからなのだそうだ。クレーン車がやってきて、高木の手入れをする作業を見たことがあるが、金井組は不必要な動力はできるだけ使わないのがこだわりだ。だから人力で丸太状にしていく。

「こうしておけば、あとは次々倒すだけなので簡単なのですよ」と、簡単そうにおっしゃるけれど、それからだって、電線に引っかからないように、道路にはみ出した部分はすぐにカットして他の車の通行の邪魔にならないように、一本一本注意深く方向を定めて倒していくので、決して簡単ではないはずだ。地上と樹上の職人さんはインカムで連携を取り合っている。地上の職人さんが方向を示すと、全くその方向へピタリと枝や幹を空中で伐り出すのだ。

私はプロのスゴ技と連携のスムーズさとお仕事の丁寧さから目が離せなかった。

「金井山素材」の若き社長さんは、カラマツを伐ることに若干の躊躇があった私に、樹は使うために植えられ、伐って生かしていくものですよと背中を押してくださった。五十年前に植えた先人を想い、次の五十年後、次の世代を想って植える。そうすることで山に価値が生まれると説いてくださった。五十年後（私は百十七歳だけどね……）への第一歩を今日、私は踏み出した。

倒された樹は四メートルずつに刻まれてきれいに並べられ、製材所に運ばれていくのを待っている。そのお行儀のよい風景は、「次の場所で生きていくよ」と肩を寄せ合って張り切っているようにも見えた。

二十五本のうちの四本分はぐうたら村（＊）に運ばれていくことになっている。製材され、いつかぐうたら村の何かに生まれ変わって皆さんのお役に立てるはず。それも楽しみだ。

＊ぐうたら村……八ヶ岳南麓にある、持続可能な社会とこれからの保育や幼児教育を結んで考える学びの場（エコカレッジ）。汐見稔幸氏と小西貴士氏が共同代表。河邉は理事を務める。

第二十四話　その出生をたがえまじきぞ

今年も桜の季節がやってきた。私は桜の名所で有名な公園のすぐ側に住んでいるので、開花の時期は桜の咲き具合を確認しに毎朝散歩をするのが恒例だ。日に日に蕾が膨らみ、そして満開になり、やがて散っていく。今年もありがとう、また来年会おうね。桜と対話しながらの十日間余りが過ぎて、新年度を迎える。何年か前のこと、蕾の先がほんのりピンクに染まる頃に海外旅行に出発し、帰国した日がちょうど満開だったことがある。日本はなんて美しい国なのだろうと感激しつつも、いつものように桜と共に春を待つというプロセスがすっぽり抜けていたせいで、「寿ぎ感」が今ひとつ盛り上がらなかった。

桜の時期の散歩は早朝に限る。日中は花見の宴会客でごった返し、ブルーシートを踏まないように足元を見て歩かなければならないからだ。近頃はシートの上に宴会の残骸をそのまま残して帰る不届きな人たちもいる。何台もの清掃車が朝から出動して片づけてくれていることを、そんな人たちは知る由もないだろう。

コロナ感染が世界的なパンデミックを引き起こし始めていた２０２０年の春には、桜の周りに人々が集まらないようにロープが張り巡らされていた。こわいほど静かな公園で、桜はなんだかほっとしているように見えた。

あの頃のニュースで唖然としたのは、藤で有名な公園で、人が花を見に集まらないように咲き始めた花房を全部摘み取ったというものだった。藤の花が大好きな人が丹精こめて育てているはずだから、それを摘み取るのはどんなに悲しいことかと想う。「密」を避ける行動をとるべきなのは人間のほうなのに、「密」を引き起こす原因を絶ってしまおうという愚かな判断を、一体だれがしたのだろうか。花には罪がないのにね。


亡き母は長いこと生け花の稽古に通い、自身も師範として教えていた。実家の床の間にはいつも生花が飾られていて、家の中に花が絶えることがなかった。その影響で私も大学を卒業する頃から母の先生でもあった華道「青山御流（せいざんごりゅう）」の二十八世家元、園楽山（その・らくざん）先生のもとで生け花を習い始めた。

皆さん、二十八世ですよ！　一世代はだいたい三十年と言われている。流祖は鎌倉時代の初期に天皇の側近だった殿上人で、園家はお花をお家芸とし八〇〇年もの間、「王朝のこころを伝える花」を相伝してきているのだ。「王朝文化の継承」というと宮廷の華々しい感じの生け花を想像されるかもしれないが、決してそうではなく、清々しく凛としている。根底に以下の本流派が大切にしている心得があるからだと思う。

「天地（あめつち）の恵みにて咲く花なれば、その出生（しゅっしょう）をたがえまじきぞ」

自然に咲いている花が最も美しい。それを切り取って生け直すのだから、その花の生命感を決して損なわず、しかも文化として美しく昇華するように。私たちは稽古の度に花材との対話を通してそのことを学ぶ。一本の枝を生ける時にも、陽に当たっていたであろう緑濃い側が表になるように、静かな場所を好んでいたであろう花はひっそりと。地面からすっと天に向かう生命感に溢れた生け花を目指す。


話は飛んでヒヤシンスの花のこと。

ヒヤシンスの香りが好きで、毎年球根を求めてガラスの容器で水栽培をする。幼稚園に勤めていた頃にも毎年十月頃に子どもたちと一緒にヒヤシンスの球根の水栽培をしていた。あの頃は植物の知識がなかったので、ずいぶんいい加減な指導していたと思う。

「球根は土の中で育つものでしょう。だから芽が出てくるまで、球根は暗いところが好きなのよ。だからこの水栽培の容器を黒い紙で隠してあげましょう。根が出て、芽がでてきたら紙を外して、球根さんに春ですよと教えてあげようね」

実は水栽培の球根は暗くしようがしまいが根が出て、芽が育つ。教えてくださったのはグリーンアドバイザーをなさっている保護者のTさん。水栽培の容器を紙で覆うというのは全く必要のない作業だったのだ。管理するべきは照度ではなく温度で、芽が出るまではしっかりした寒さにあてることが必要だと教えてくださった。

なのに今年は、暖房をがんがん効かせた居間に水栽培の容器を置いてしまった。芽が出た先が割れてピンクの蕾がのぞき始めたので、早く咲かせようと思ってしまったのだ。ところがいつものように茎が伸びてこず、固い芽の隙間からチラッとピンクの花弁をのぞかせたまま、枯れてしまった。球根は力をまんまんとたたえ、今か今かと花を咲かせる日を待っていたであろうに。私の温度管理が悪かったせいで、ヒヤシンスの一生を台無しにしてしまった。

ごめんね、ヒヤシンス。「天地の恵みにて咲く花なれば、その出生をたがえまじきぞ」だ。何にでも与えられた時機というものがあり、その日が来るのを待っている。

話は少し横にそれてしまうが、Tさんは、子どもたちも大好きな楽曲『パプリカ』を聴くと、ムズムズするとおっしゃる。「パプリカ　花が咲いたら　青い空に種を蒔こう」という歌詞に、「種は土に蒔くもので、空に投げたらかわいそうと思ってしまうんですよね」とのこと。さすが緑の専門家。「その出生をたがえまじきぞ」が身に染みついていらっしゃる。

生け花の稽古では花のこころだけでなく、人のこころとの向き合い方についても豊かな学びがある。

先生は先にお手本を示したりはしない。まずは私たちが思うように生ける。作品が出来上がると、先生は自分でどう思うかを尋ねられた上で、手直しをしてくださる。先生の手はまるで魔法のよう。生徒が生けたいと思っていた花の姿がより引き出されるように、枝の向きを少しかえて空間を作ったり、花材の足元を整えたりしているうちにいっきに作品が輝いてくる。先生はその人の個性や花材との対話を決して蔑ろにせず、花材のよさをさらに生かす道を具体的に示してくださるのだ。

新年度、学生との新しい出会いが私を待っている。私も先生のように花にも人にも、「天地の恵みにて咲く花なれば、その出生をたがえまじきぞ」を心得たいと思う。

第二十五話　スズメバチに刺された話

春、ああ、なんて美しい。ゴールデンウィークのこの辺りは、高い山には雪が残っているものの、里山は「緑色」と一言で括れないほどの多様な緑に輝いている。亡母はこの時期になると、「女学校の国語の時間に、こういう風景を山笑うと教わったのよ。俳句の春の季語よ」と、「今年初めて話しますけど」という体で毎年毎年教えてくれるのだった。「それ、去年も聞いた」と言い放たずに、「そうなの。すてきな表現ね」と素直に頷いていればよかった。だって、本当に山が笑っているようだもの。

と見上げていた目を地面に移すと、すでにクラウンベッチの赤ちゃんが顔を出し始めているではありませんか。また戦いの日々がやってくる（第十五話参照）。

植物も活動を始める頃、虫たちも活発。この数年私を悩ませているのはカメムシが家の中で異常発生していることだ。どこから侵入してくるのかわからない。冬には零下10度を下回るこの地で、彼らはログの隙間で越冬、繁殖しているのかもしれない。暖かい場所が好きで、日中の窓ガラスは、カメムシがウジャーっと集まって日光浴をしている。

若い方は知らないだろうが、私はそれを見ると一九八〇年代初頭に大流行したインベーダーゲームを思い出す。まるで次から次へと現れるインベーダーのようだ。

カメムシの仲間の中には刺すものもいるらしいが、私はまだ刺されたことはない。歩きぶりはのんびりノタノタしていて、攻撃してくる気配はないのに、夜にパソコン仕事をしていると画面に向かってビューッと飛んでくるから厄介だ。そして緊急事態に陥ると独特の匂いを発する。我が家にはびこる茶色系のカメムシは緑のカメムシの匂いよりはまだましなのだが、私はもうウンザリしている。匂いよりもいやなのは、その時にどこかから分泌液を出すらしく、虫汁が床のあちらこちらに点々と。テントウムシかな、と思うと虫汁、ゴミかな、と見ると虫汁。それでしょっちゅう雑巾を片手に床をはいつくばって虫汁をふき取らなければならない。

連休の合間の朝（だいたい朝起きると新しい虫汁が落ちている）、雑巾を手にして床を拭き始めた途端、右足の甲に鋭い痛みが走った。最近は老化と運動不足でよく足がつるので、床にはいつくばった途端に足がつったのかと思ったが、どえらく痛い。「イタタ……」とスリッパを脱ぐと、中から大きなキイロスズメバチが出てきた。あなたが刺したのか！　なんであなたが家の中のスリッパに！　瞬間的に脱いだスリッパで一撃。靴下を脱いでみると、すでに刺された箇所が赤く腫れ上がっている。

アララ……こんな時、何を塗ればよいのかな。薬箱を物色しながら地元の友人のKちゃんに、「ハチに刺されたかも。赤く腫れてきた。どうするか？」というのんびりした文面のラインを送ってみた。すると即座に「いまいく」と返事があって、仕事場のビニールハウスから飛んできてくれた。そして、「15分が勝負だから」と村の中の小さな診療所に車をとばしてくれた。Kちゃんの緊迫した様子で、私も結構これはたいへんなことなのだと認識した。Kちゃんはアナフィラキシーショックのアレルギー反応が出るのではないかと心配してくれたのだ。激しい場合は30分以内に呼吸困難に陥るらしい。

診療所の待合室はお年寄りで満席だった。連休の合間だから仕方がない。受付の方が「息は苦しくないですか、ハチに刺されたのは初めてですか？」というので、確かにあんな痛い思いをしたのは初めてだったので、「初めてだと思います。息は苦しくありません」と答えると、ここだと二時間は待つことになるので町の大きな病院に行くようにと言われた。「息が苦しいです」と答えれば、すぐに診ていただけたかもしれないが、嘘はつけなかった。

Kちゃんはすぐに五キロ先の町の総合病院に車を走らせてくれた。

もちろん、町の大きな病院はもっと混んでいた。連休の合間だからね。

受付でバイタルを測定。いつもは90そこそこの血圧が153、熱は37度5分だった。

看護師さんはアレルギー反応が出ていないかを心配したが、足の腫れ以外は特段深刻な症状はないと判断したのか、このまま診察の順番を待つようにとおっしゃった。二時間か三時間くらい待つとのこと。大丈夫なのか？　私。もう足はパンパンに腫れてるけど。それで食い下がってみた。

「私はいつも血圧が低いんです。153なんて数字初めて見ましたけど」

「それは、ハチに刺されるというイベントがあったんだから血圧だって上がりますよ」

受け流された、と感じた。

「でも、毎朝熱を計るんですけど、今朝は36度だったんですよ、熱も上がってます」

「まあ、ヒトは活動すれば体温は上がりますよ」

またまた受け流されてしまった。日中に活動して熱が1度5分も上がったことなんてないし、そもそも今日は車に乗って病院に来ているだけで、なんの活動もしていないし。あなたにとってハチに刺された患者は日常茶飯事でしょうけど、こっちは初めてなんですからね。どうなるのか不安なんです！　とまでは言えずに、結局、ウェイティングリストの23番目の人となった。

一時間ほど経ち、つらそうに見えたのか（実は不安と問診の看護師さんへのモヤモヤで俯いていただけだったのだけれど）、別の看護師さんがやってきて、奥のベッドで休みますか？と声をかけてくださった。処置室のような所の幅の狭いベッドに横になること小一時間。診察の順番が来たらしく、お医者さんがやってきて診察をしてくれた。結局、刺されたのが初めてだったので事態は深刻ではなく、塗り薬と服薬を処方してくださった。

問診の看護師さんへの不信感は、ベッドに寝かせてくれた看護師さんと、わざわざベッドサイドまで来てくれた若いお医者さんのおかげで、すっかり帳消しになった。

Kちゃんはハーブの苗を育てるお仕事で、出荷に忙しいこの時期に半日も病院にお付き合いさせて本当に申し訳なかった。そう謝ると「大丈夫、大丈夫。大事に至らずによかった」と、いつものいい笑顔。その晩は患部が痛んでよく眠れなかったが、引き換えに学んだことが実に多い一日だった。この日に得た教訓は、

一つ、スリッパを履く時には、必ず中に何か入っていないか確認すること

一つ、次に刺されたら、即、病院

一つ、人の話を聞く時は、その相手の言葉の背景にある気持ちまで、まるごと受け止めること

一つ、人を助ける時は、相手に負担をかけないようにサラっと気持ちよく

そういえば、母も「人の重たい荷物を持ってあげる時には、重たそうな顔をしちゃだめ」と言っていたっけ。

以上、連休中にスズメバチに刺されたお話でした。

第二十六話　怖いもの、なあに？

私は東京郊外小平市にある「ケアタウン小平」という施設で、月に一回、「あつまれ！子ども広場」という遊びの会を仲間と主催している。もう始めて十五年になる。ケアタウン小平はデイケアサービスや一人暮らしのお年寄りの住居がある複合施設で、「認定NPO法人コミュニティケアリンク東京」の活動拠点。私は当法人の子育て支援担当理事をしている。なぜ、福祉と医療のNPOで子育て支援？　なぜお年寄りのための施設で子どもの遊び？　話すと長くなるので、それはまた今度ゆっくり。

「あつまれ！子ども広場」は子どもも大人も共に知恵を出し合って、その日に決めたテーマを遊び倒しちゃおう、という会だ。私たち大人の参加者が大切にしていることは、大人は活動を仕切る存在ではなく、子どもと同じ地平に立って楽しむこと。もう一つは、子ども達の発想や考えのどの一つをも否定せず、受けとめ、生かすことである。

九時半を過ぎると、毎月参加してくれるご常連の小学生を中心に、下は未就園の小さな子どもまで、十余名の子ども達が集まってくる。「おはよう」と元気に駆け込んでくる姿には、「今日はどう遊ぼうかな」というワクワク感が溢れている。

会のスタートは円陣を組み、リーダー的役割のリッチャン（※）が出したお題について一人一人しゃべることから始まるのが恒例だが、いつもヒトヒネリある。例えば去年の夏休み明けのお題は夏の思い出だった。「どこどこへ行きました」とただ話すのではなく、地名や楽しかった出来事の頭文字（例えば熊本に行ったのならク）だけを紹介し、みんなで当てっこをする。

小学五年のY君の思い出の頭文字は「ヒ」。

「兵庫県に行ったの？」「ブッブー」

「東村山？」「ブッブー」

「暇だったの？」「ブッブー」

さて、何だか分かりますか？　彼の答えは「ヒツジを散歩させた」。

難しすぎて誰も当てられなかったが、どこでそんな体験ができるのか？どんな感じだったのか？と次々と質問が続く。始まりの会は、いつもこのように他者の体験に心を寄せ、共感し、響き合う、素敵な時間となる。

その月に何をして遊ぶかは前年に子ども達とおおむね一年間のテーマを考えている。今年の六月のテーマは「ホラー」。お化け屋敷風なものを作るのが子どもたちは大好きで、毎年挙がるテーマなのだ。けれども、私たちの「あつまれ！子ども広場」ではいわゆる常識的な（？）お化け屋敷なんかは作らない。今年は「ホラーなケアタウン」というテーマで、怖い音や怖いモノを施設の敷地内中から集めてきて、「恐怖の物語」を作って発表しようということになった。始まりの会でリッチャンから「ドキドキする一番怖いもの」とお題が出され、輪になって順番に話していく。

幼稚園児のA君の怖いものは「暗いところ」。夜、おトイレに行くのが怖いのだという。幼児にとって暗闇は恐怖だ。私だって見えるはずのない何かが見えたらどうしようと思うと、怖くて夜も電気を少し点けて寝ているくらいだ。

A君のようにホラー的な怖いものや苦手なものが次々に子どもたちの口から出ると思っていた。ところがどっこい。五年生のHちゃんの怖いものは「怒った時のおかあさん」。「確かに！」と子どもたちに共感の輪が広がる。六年生のMちゃんの怖いものは「委員会」。うん？委員会？　大人たちは首をかしげる。Mちゃんは六年生になって校内の美化委員会の委員長になったのだという。それで話し合いを取り仕切らないといけないことになり、委員会のある日はドキドキドキドキするのだそうだ。小学生も「今」を真剣に生きている。

それからどんどん「怖いもの」はホラー関係から遠ざかっていった。

Rさんの怖いものは「食欲」。笑いが起きる。息子のK君はとっくの昔に子ども広場を卒業し、すでに社会人なのに、お母さんのRさんだけがボランティアとして参加し続けてくださっている。

最後に六年生になったヒツジのY君が「一番怖いものは人間」と言った時には、みんなの中に「そうきたか」という空気が漂った。小学生にそれをいわしめてしまうこの日本社会を、少しでも明るみに押し上げないといけないな。

さて、この日みんなに紹介した「私の怖いもの」は「原稿の締め切り」です。

締め切りは英語でdeadline。怖いですね、deadです。

締め切りにもいろいろあって仕事上の役割で書かなければならないものは何が何でも書く。それよりなにより苦しいのは、依頼されて自ら引き受けたにもかかわらず書けない時である。依頼された時は、まだ締め切りまで三か月もあると思ってしまう。そのテーマだったら書きたいことがあると思ってしまう。三か月あったはずのゆとりが二か月になり、いつの間にか一か月を切っていき、「ああ、引き受けるんじゃなかった」と後悔する。その繰り返し。

恩師が「論文や原稿は時間と質との関数だ」と言っていたことを思い出す。結局「時間曲線」に「質曲線」が負けて、いつも満足のいくものにならない。その繰り返し。生まれ変わったら、締め切りがない職業につこうと思う。だけど、怠け者の私は、締め切りがなかったら何も学び直さないだろうとも思う。質が悪くたってなんだって、書かないよりいいだろうと開き直ろう。

それに今年度からこのメルマガへの掲載を隔月にしていただいたことで気が付いた。

昨年までは、「今月は何も書くテーマが見つからないな」と思っていても、締め切りが近づくと何やら素敵な出来事に遭遇したり、ふっと過去の出来事が浮かんだりして、二年間、締め切りを守れないことはなかった。ところが隔月になるとなったで、その感覚が二か月に一回になっているではないか。つまり、このメルマガにおける締め切りは、せわしない日々の中で見過ごしたり聞き流したりしがちな小さな出来事を、意識の上にのぼらせてくれる装置になっていたのだ。感じる心が書きたい気持ちにつながるのであれば、逆に書き続けることで感じる心が呼び覚まされることになるのではないか。怖いのは「締め切り」ではなく、考えたり感じたりする気持ちが萎えることなのかもしれない。

さて、あなたの「ドキドキする一番怖いもの」はなんですか？

＊リッチャンは、あそび合いの活動を通して子ども達から表現を引き出すプロ集団「NPO法人あそび環境Museumアフタフ・バーバン」のスタッフ

第二十七話　決して忘れない

夏休みの初めに飛び込んできたニュースが心を占め、秋の気配をかすかに感じるこの頃になっても、ふと気が付くとその人のことを考えている。

登山家であり、山岳カメラマンの平出和也さん。中島健郎さんとパキスタンK２西壁未踏ルート登攀中、７月27日に共に滑落。現場が難所であることからご家族との協議の結果、７月30日に救出活動が断念された。ニュースでご存じの方もおられると思う。日本山岳会は追悼文を発表し、ＳＮＳには最強と言われるお二人を悼む声が溢れている。

今年の２月にぐうたら村主催の保育セミナーで対談をさせていただいたばかりだったので、たたずまいやお声がいまだ私の中に鮮やかで、どうにも信じられない。

Ｎさん（第十話登場の人生の達人）から、登山界のアカデミー賞ともいわれるピオレドール賞を日本人で最多の三度も受賞されている方が、同じ集落のご出身だということは聞いていた。Ｎさんが毎朝散歩する林の中に、その方が故郷に戻ってきたときにリラックスする場所として、そしてお子さんとの遊び場所としてツリーデッキを作り始めたと

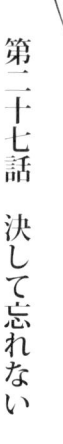

いうことも聞いていた。その林の道を私も時々歩くけれど、私は山の家に定住しているのではないし、その方も日頃は街に住んでいて遠征の合間にしか帰省されていないということなので、お目にかかったことはなかった。

ある日の散歩中、ツリーデッキの横を通りかかると、軽トラックが停まっていて、中で小さな女の子が泣いていた。昼寝から目覚めたらだれも側にいなくて寂しくなった、という感じだった。私が覗き込むと「抱っこして」とばかりに両腕を伸ばしてくる。どなたか大人はいないのかなと見回すと、信じられない高さの木の上に一人の男の人がロープ一本でぶら下がっているではないか。もしかして、あの人、お父さんかな。「抱っこしてあげてもいいですかあ」と見上げると、「お願いします。すみませーん」と言いながら、するすると木から下りていらした。

その人が平出和也さんだった。無駄なものをすべてそぎ落としたような、一見「修行僧」のような風貌で、だけれどとても表情が柔らかい。私の腕から娘さんを受けとって、「ごめんごめん」と抱きしめていた。

私はマラソンとか登山とか長い忍耐力を要するスポーツが苦手で、八ヶ岳の麓に家があるというのに、どの山にも登ったことがない。だから、目の前に7000m級の山に挑み続けてきた登山界の至宝が立っているというのに、その凄さへの想像力が働かず、「雪山は寒いでしょうね」なんて暢気な質問をしただけだった。

「バラの花がきれいなお庭があるから、一緒に見に行こう」とNさんからお誘いを受けたのはその二、三年後だったと思う。私のジューンベリーの家は集落のはずれにあるのだが、バラのおうちは集落の真ん中にあった。Nさんの車で近づくと、その一角はまるで薔薇色の森のようだった。「バラの花がきれい」どころか、敷地いっぱいに咲き乱れ、むせかえるほどの香りに満たされている。田舎のお家はどこでも庭が広いものだが、そのお庭はアーチで小道が作られ、様々な種類のバラを愉しみながらぐるりと敷地を巡る「バラ園」のようになっていた。

一つのパーゴラの下に椅子とテーブルが置かれていて、私とNさんは主からお茶のご接待を受けた。その主こそが和也さんのお父さんのTさんであった。あの林の中で出会った人はこんなにすてきなバラの庭で育ったのか！　零下30度にもなるという過酷な雪山から戻る息子さんを、ご両親は色とりどりの花々で出迎えるのだな。きっと命の喜びに満たされて、心底ほっとされることだろう。私たちには絶対に見ることができない景色を、自分の足で登って見てきた人のお話を聞いてみたいとその時に痛烈に思った。

ぐうたら村では年に数回保育セミナーを開催している。「保育セミナー」だけれど、ぐうたら村の小西さんも私も保育ど真ん中の話だけでなく、全く違う世界の方のお話をうかがうことが必要だと思っている。未踏のルートに挑み続ける冒険心にふれることは、これからの時代を生きていく子どもと向き合う私たちにとって、きっと何かを考えるきっかけになる。個人的には、どんな幼児期を過ごすとこんな強靭な精神力が養われるのかをぜひ聞きたいと思った。Tさんに「和也さんに保育者向けにお話をしていただきたい。いつか必ず実現させたいから、気持ちだけは伝えておいていただけないか」とお願いしてお暇したのだった。

その年の10月、地元で和也さんの講演会が開かれるとTさんから連絡があり、私もさっそく申し込んだ。会場は和也さんを知る地元の方々や、全国から集まった登山愛好家で満席。和也さんは講演の後、希望する一人ひとりと写真を撮り、言葉を交わし、丁寧にサインをなさっていた。「懐かしさ」「憧れ」「敬愛」。和也さんとのかかわりによって、それぞれの人が抱く思いは異なっていただろうけれど、皆さんが彼の誠実な人柄や超人的な偉業を成し遂げる人とは思えない気さくさを愛し、心から応援していることが伝わってきた。私も直接、保育セミナーにご登壇いただきたいことをお願いすることができた。その後Tさんのお口添えや、小西さんによる和也さんの所属会社との綿密な打ち合わせがあって、ぐうたら村にお招きできることになった。

2024年2月25日、朝から雪が降り続き、午後には積雪が40㎝を超えた。2月末としては近年珍しいことだ。

お話は、幼児期に野山で遊んだ記憶から登山家になった経緯、そして、なぜ次の山を目指すのかという哲学へと広がった。未踏のルートで登攀したシスパーレ（7611メートル）の映像が映し出されたスクリーンの向こうの窓の外は雪が降り続いていた。スクリーンと現実との境界が曖昧になり、私たちはあたかも自分も高山の雪の壁にとりついているような感覚を体験させていただいたのだった。

何年にもわたる計画と何か月にも及ぶ準備を経て、自分の命の限界と相談しながらまだだれも登ったことがないルートで山の頂に立つことに挑戦し続ける人。生きる目的としても職業としても、私の生活世界とあまりにもかけ離れていて、お話を聞きながら「すごい」と「なぜ」の間を感情が行ったり来たりするだけで、モデレーターとして何をお聞きしたらよいかが分からない。私が共有できる唯一の接点は、お見かけしたお子さんとの姿やお父さんのてTさんとの関係なので、「ご家族ができてから、山への向き合い方は変わりましたか」と尋ねてみた。短い沈黙のあとの和也さんの答えはこうだった。

「もしどちらかの命しか助からないという事態に陥ったら、僕は迷わず（山のパートナーの）健郎の命を助けると思います。健郎の子どものほうがうちより小さいですから」

和也さんの心の中で、ご家族への深い愛情と健郎さんへの信頼、そして未踏峰への情熱が溶解し、言葉となってこぼれた答えだったと思う。

私にはもう返す言葉を見つけることができなかった。この方の山への気持ちや覚悟を、だれも、なにものも、止めることができないのだな。とにかく二人とも無事に帰ってきてほしい。

セミナーの後、ご実家の近くまで車でお送りする。雪はまだ降り続いていた。和也さんにとっては大した積雪ではなかっただろう。「では、また会いましょう」とさくさくと歩いていかれたのだった。

緻密で、用意周到で、誠実で、鋼のような肉体と精神力を合わせもった人。降り続く雪を背に、四か月後に迫っていたK２挑戦への想いを淡々とかつ熱く語っていた人。そして、よき息子であり父であった人。平出和也さん、私はあなたと、あの雪の日の贅沢で濃密な時間を決して忘れない。

第二十八話　6歳、最強！

二か月に一回ほどの頻度で三年間通い続けているこども園がある。多くの自治体の教育委員会には、教育課題に向けた実践研究を推進するため公立学校（幼稚園やこども園を含む）に研究費を助成する制度がある。その園も助成を受けて、遊びの充実のための環境構成について研究を進めており、私はアドバイザー的な立ち位置でかかわらせていただいている。年長組の子どもたちが三歳の頃からかかわっているので、訪問するたびに彼らの成長に驚かされているし、その成長を支えている先生方の丁寧な保育に感動もしている。

11月初旬。年長児がホールいっぱいに遊びを広げている。10月の終わりに水族館に遠足に行ったということで、イルカショー、水族館レストラン、水族館映画館などなど。水族館をモチーフにしたごっこ遊びが多い。「幼児」という人たちは、遠足など仲間と一緒に体験した楽しい出来事を、「ああ、楽しかったね」では終わらせない。遊びとして再現し、楽しかった思いやイメージを細胞に落とし込んでいるように見える。

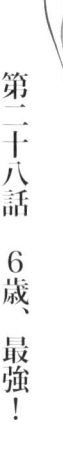

三人の男の子がトンネル水槽を作っている。遠足先の水族館で「海中トンネル」を通って、頭の上をマンタが泳いでいったのだそうだ。その時の感動を再現したいのだろう。巧技台を組み立てて梯子を渡し、青いビニール袋をかぶせてトンネルは完成していた。もう少し魚ができたら海中トンネルは完成ということだったが、それには取り組まず、思わぬ展開に……。

R君が突然、「大変だ。ウミヘビが感染症にかかったぞ！」と言う。

お客さんはまだ呼びたくないし、魚作りも少し疲れた、という気分だったのかもしれない。それでも遊びのおもしろさを手放さないように自分たちで物語を生み出す姿を、私は心の中でいろいろ呟きながら感心して見ていた。

R君は慌てた様子で自分が作ったウミヘビの胴体にティッシュペーパーを巻きつけ始め、「ここも危ない」とどんどん巻いていく。

私「（心の中で）コロナ禍以降、遊びも少なからず影響を受けているな」

それから身体をさする振りなどをし、「治療は完了。でもまだ治ってはいない。泳がせてストレスを回復させないと！」

私「（心の中で）そうそうストレスは万病のもと、ストレス発散させないといとね」

すると仲間のA君が「今度はマンタが熱を出しました」と叫んで、ビニール袋で作った自分の背丈より大きいマンタを床に寝かせ、R君の真似をして治療する振り。R君は「水の中は感染しやすいから、気を付けよう」とA君に声をかける。
私「(心の中で) この二人がこんなに響き合って遊べるようになっているとは！ 成長したね」

すると急にR君が私のほうを見て、「まだ完成していないけど、トンネルに入ってもいいよ」と言う。子どもは自分を見ている人の眼差しの温度に敏感だ。私の好意的な眼差しを感じ取ってしまったのかな。傍らで見ていただけなのに気を遣ってくれたのかもしれない。10日後に再訪する予定があったので、「いいよ、今日は魚たちの治療で大変そうだし、またすぐに来るからその時に入れてもらうよ」と答えたのだが、その次のR君の言葉に、頭をガーンと打たれた。

「その時までやっているかどうかわからないな。だって僕たち○○組はどんどんおもしろいことを考えるからさぁ」

遊びを創ることがおもしろくて仕方がない、自分たちはやろうと思ったらなんでもできるんだ、毎日が楽しいことでいっぱいなんだぞ！ そんな自信にあふれた宣言だった。

ホールのステージ上ではSちゃんたちが「水族館映画館」を開いている。画用紙に描いたお話しを先生がタブレットに取り込んでくれていて、それをスクリーンに上映するのだ。緞帳を閉めたステージ上はほどよく暗く、本当の映画館のようだ。ストーリーは「青い魚が仲間からはぐれて迷子になり、サメに追いかけられているところを仲間が助けてくれて、めでたしめでたし」というもの。どこかで聞いたことがある……。

Sちゃんは四か月ほど前にもホールの片隅で映画館ごっこをしていた。その時は画用紙に描いたお話を紙芝居のように読み聞かせるというものだった。映画館だから暗くしたくて黒い布を数枚持ってきたけれど、読み手である自分とお客さんとの間の空間全部を覆うことはできない。試行錯誤の末に考えた秘策は、「お客さん自身に黒い布を被ってもらう」という方法だった。それで映画館にいる気分になれると、そこにいた大人たちはだれも思いつかなかった。ただ残念なことに、大人しいSちゃんの小さな声がお客さんには届かず、せっかくのお話がわかりにくかった。

そのSちゃんが、前の遊びの経験を生かして、先生に読み聞かせてもらった『スイミー』のお話を生かして、そして水族館遠足の体験を生かして、前よりも映画館らしい映画館にしようと頑張っている。園での様々な経験がSちゃんの心の中に地下茎のように広がり、絡み合い、今日のSちゃんの遊びとして顔を出している。空間が狭いので、相変らず小さいSちゃんの声がちゃんとお客さんに届き、お客さんも満足そうだし、Sちゃんもとびきりの笑顔。そして上映後、私にこう言った。

「まだこれで終わりじゃないの」

「お話が続くと言うこと?」。首を振る。

「明日もやるっていうこと?」。ちょっと首を振る。

そして小さな声で「こんなもんじゃないの」。


自分たちはどんなものでも創り出せる。そして、まだまだやれると思っている！　生まれてたった六年前後の人たちが、その間の経験を駆使して今の状況を最善にしようとしている。

『クマのプーさん』の作者、A.A.ミルンの詩「6つになった」が頭に浮かぶ。

A.A.ミルン作　周郷博訳

一つのときは　なにもかも　はじめてだった
二つのときは　ぼくはまるっきり　しんまいだった
三つのとき　ぼくはやっと　ぼくになった
四つのとき　ぼくは　大きくなりたかった
五つのときには　なにからなにまで　おもしろかった
今は六つで　ぼくはありったけおりこうです

だから　いつまでも　六つでいたいと思います

R君、Sちゃん、参りました。あなたたち6歳は最強です。大人たちはいつもあなたたちに励まされます。

おわりに

定年退職。そのことを知った人から「四月から何をするのですか？」「次はどこに勤めるのですか？」とよく尋ねられます。その度に、心の中で「こんなに働いてきたのに、まだ何かしなければならないのかな」と呟いておりました。

十八歳で学び始めてからなんと半世紀、十分に幼児教育の世界を愉しんできました。この間に起きたいろいろな出来事も、家族や友達、仕事仲間に支えられて、なんとか乗り越え、くぐり抜けてきました。恐れ多い例えですが、オリンピックを終えたばかりのアスリートが「今は休養したい。今後どうするかはそれから考えたい」と答えているのに近い気分でいました。それで「これからは山の家で林や庭の手入れをしてのんびり暮す」と答えていたのでした。

しかし、しかし、しかし。

六歳児から「自分たちはどんどん面白いことを考える」と宣言されたり、「こんなもんじゃないの」とささやかれたりすると、やわな引退気分が吹き飛びます。

やっぱり子どもの世界の面白さから離れることはできそうにありません。

実践に育ててもらってきた自分ですから、実践現場に存分にご恩返しができる時がいよいよ来たと考えましょう。

その上で、近年は入力より出力が多くて明らかにバランスが悪くなっていましたから、今までよりペースを落として山の暮らしや街の暮らしを楽しもうと思います。

ゆったり心を拓くと、また新しい何かが見えるかもしれません。駄文の種も絶えず浮かぶことでしょう。

これまで様々な出会いがあり、別れがありました。夫、両親、そして何人かの大切な友人が旅立っていきました。その中で学んだのは、別れは出口のように見えて、次の入口を用意してくれているということ。そして、その入口からどのように進むかは自分次第ということ。六歳児をお手本に、次の自分に期待をして一歩を踏み出したいと思っています。


フレーベル館編集者の西川久美さんは、メールマガジンでの連載配信にあたって、いつも温かい読後感想と細心の校正で私を支えてくださっています。このエッセイをななみ書房から刊行することをお許しくださったことに感謝いたします。

退職という一つの区切りに連載をまとめたいという私の希望を叶えてくださった長渡晃さん、表紙に熟した実のジューンベリーをデザインしてくださった茂木弘一郎さんにも感謝申し上げます。

ジューンベリーの樹は、これからも花を咲かせ、たわわに実をつけて、私を見守り続けてくれることでしょう。

二〇二五年三月　　河邉　貴子

初出一覧
第一話　～第十二話　二〇二三年四月～二〇二三年三月
第十三話　～第二十四話　二〇二三年四月～二〇二四年三月
第二十五話～第二十八話　二〇二四年五月～二〇二四年十一月

著者紹介

河邉　貴子（かわべ　たかこ）

一九五七年東京生まれ。聖心女子大学現代教養学部教授。専門は幼児教育学。東京学芸大学教育学研究科を修了後、公立幼稚園にて十二年間教諭として保育を経験したのち、東京都立教育研究所、立教女学院短期大学助教授、同附属幼稚園園長を経て現職。医療と地域と子どもをつなぐNPOの活動もライフワークの一つ。

『河辺家のホスピス絵日記：愛する命を送るとき』共著・東京書籍（二〇〇〇）
『子どもごころ』春秋社（二〇〇六）
『改訂　遊びを中心とした保育：保育記録から読み解く援助と展開』萌文書林（二〇二〇）
など

ジューンベリーの樹の下で

二〇二五年三月一日　第一版第一刷発行

著　者　河邉　貴子
発行者　長渡　晃
発行所　ななみ書房
神奈川県相模原市南区御園一―一八―五七
電話　０４２―７４０―０７７３
http://773books.jp
デザイン　茂木弘一郎
印刷製本　ながと印刷

ISBN978-4-910973-37-1
Printed in Japan
定価は表紙に記載してあります